隱私

挑戰未來公民

Privacy

Center for Civic Education　原著
財團法人民間司法改革基金會－法治教育向下紮根中心　策劃出版

Foundations of Democracy

Authority, Privacy, Responsibility, and Justice(Student Text, for Middle School and Above)

English Edition Copyright ©2000, Center for Civic Education, Calabasas, CA, USA. All rights reserved.

Center for Civic Education

Address:5145 Douglas Fir Road Calabasas, CA 91302-1440

Tel:(818)591-9321 Fax:(818)591-9330

國家圖書館出版品預行編目資料

挑戰未來公民：隱私 / Center for Civic
　Education原著；郭菀玲譯. -- 初版.
　-- 臺北市：民間司改會,五南, 2008.03
　　面；　公分. --（民主基礎系列）
　譯自：Foundations of Democracy：
　Authority, Privacy, Responsibility, and Justice
　ISBN 978-957-97664-4-9（平裝）

1. 公民教育　2. 民主教育　3. 隱私權

528.36　　　　　　　　　　97003186

4T27

挑戰未來公民──隱私 民主基礎系列

原著書名：Foundations of Democracy：Authority, Privacy, Responsibility, and Justice
著 作 人：Center for Civic Education（http://www.civiced.org/）
譯　　者：郭菀玲
策　　劃：黃旭田、張澤平、林佳範（以下各欄姓名皆按姓氏筆畫排序）
系列總編輯：洪鼎堯
本書總編輯：高涌誠
法治教育向下扎根中心
顧　　問：蘇俊雄、賴崇賢、康義勝
諮詢委員：民間司法改革基金會代表：黃旭田、高涌誠、洪鼎堯、林佳範
　　　　　台北律師公會代表：謝佳伯、黃啟倫、張澤平、李岳霖
　　　　　扶輪代表：陳俊鋒、張迺良、周瑞廷、周燦雄
編輯委員：張稚鑫、黃孟君、黃杰、趙偉程、蔡雅瀅
責任編輯：鄭妙音、李奇蓁
設計完稿：P.Design視覺企劃
出 版 者：財團法人民間司法改革基金會──法治教育向下扎根中心（www.lre.org.tw）
　　　　　Center for Law-Related Education, Judicial Reform Foundation
出版者電話：（02）2521-4258　傳真：（02）2521-4245
出版者地址：104台北市松江路100巷4號5樓（法治教育向下扎根中心）
　　　　　Fl.5, No.43, Lane 100, Sung-Chiang Rd., Taipei, Taiwan
合作出版：五南圖書出版股份有限公司
發 行 人：楊榮川
地　　址：106台北市大安區和平東路二段339號4樓
電　　話：（02）2705-5066（代表號）
傳　　真：（02）2706-6100
劃　　撥：0106895-3
網　　址：http://www.wunan.com.tw
電子郵件：wunan@wunan.com.tw
法律顧問：林勝安律師事務所　林勝安律師

版　　刷：2008年3月初版一刷
　　　　　2014年4月初版五刷
定　　價：180元

挑戰未來公民—出版緣起

民間司法改革基金會法治教育向下紮根中心副主任　張澤平律師

　　本書原著是美國公民教育中心（Center for Civic Education；http:www.civiced.org）所出版的「民主的基礎：權威、隱私、責任、正義」（Foundations of Democracy：Authority、Privacy、Responsibility、Justice）教材中，適用於美國6至9 年級學生的部分。原著的前身則是美國加州律師公會在1968年，委託設於加州大學洛杉磯分校（UCLA）的公民教育特別委員會，所發展的「自由社會中之法律」（Law in a Free Society）教材。教材的發展集合律師及法律、政治、教育、心理等專業人士共同開發而成，內容特別強調讀者的思考及相互討論。原著架構歷經將近四十年的淬鍊，目前已廣為世界各國參考作為公民教育、法治教育的教材。出版者有感於本書的編著結合各相關專業領域研發而成，內容涉及民主法治社會的相關法律概念，所舉的相關實例生動有趣，引導的過程足以帶動讀者思考，進行法治教育卻可以不必使用法律條文，堪稱是處於民主改革浪潮中的台灣社會所不可或缺的公民、法治、人權、品德教育參考教材，因此積極將其引進台灣。

　　這本書的主題——「隱私」，是民主社會中個人自由的核心。國家社會存在的目的，即在保障個人的自由，隱私的探討有助於我們進一步了解自由的內涵。書中鮮少有空泛的論述，取而代之的是一個一個發生在社會中的實例及問題，以及解決問題的思考工具（Intellectual Tool）。書中從不直接提出問題的答案，而希望師長帶著學生，或讀者彼此之間，在互相討論的過程中，分享、思考彼此的想法，進而紮實的學習領會書中所討論的觀念。討論不僅可使這些抽象觀念更容易內化到讀者的價值觀裡，討論的過程更可匯集眾人的意志，進而訂定合理的規範，是民主法治社會中最重要的生活文化。（歡迎讀者至法治教育資訊網

出版緣起

www.lre.org.tw參與討論）

　　引進本書其實也期望能改變國內關於法治教育的觀念。不少人認為法治教育即是守法教育，抑或認為法治教育應以宣導生活法律常識為主。然而，如果能引領學生思考與法律相關的重要概念或價值，則遵守法律規範，必然是理所當然的結果。懂得保護自己權益的人，當然也應當尊重別人的權益，更不必耗費大多數的課堂時數逐條詳述瑣碎的法律規定。由此可更容易理解，法治教育應對施教的素材適當地設計揀選，才能夠達到事半功倍的效果。此外，無論法治教育的施教素材為何，也應當都是以培養未來的公民為目標。過度強調個人自保的法律技巧，並無助於未來公民的養成，當非法治教育的重要內涵。現代法律隱涵著許多公民社會所強調的價值，例如人權、正義、民主、公民意識、理性互動等等，都有待於我們透過日常生活的事例加以闡釋，以落實到我們的生活環境中。未來能否培養出懂得批判性思考的優質公民，已成為我國能否在國際舞台上繼續保有競爭力，以及整個社會能否向上提昇的重要挑戰。

　　自2003年起，民間司法改革基金會即與中華扶輪教育基金會、台北律師公會共組「法治教育向下紮根特別委員會」，並由台北律師公會與美國公民教育中心簽訂授權合約，將其在美國出版的「民主基礎系列叢書－權威、隱私、責任、正義」系列出版品（含適用於美國2年級之前，及3至5年級之教材及其教師手冊）授權在台灣地區翻譯推廣，執行近四年來，已在多所國小校園內實施教學，並榮獲教育部國立編譯館94年度、95年度獎勵人權出版品之得獎肯定。我們衷心期盼本書的出版能普遍喚起國人重視人權及民主法治的教育問題，也期待各界的支持與指教。

（本書另有教師手冊出版計畫，請洽五南圖書出版公司）

張澤平

不只是隱私

台北市立教育大學教育系 但昭偉教授

在東方華人現代化（西化）的過程中，我們最先接納的是西方的器物（利砲堅船），進而學習西方的制度（如政治上的立憲，文化上的國家教育……），終而體會到若要成功的現代化，我們真正要掌握的是器械和制度背後的理念與核心價值。只有掌握現代化的核心價值與理念，每個人受到尊重與照顧的社會才得由形成。

現代的自由民主社會中，最核心的理念與價值不外是自由、平等與正義；這三項理念與價值之間有緊密的關聯性。很粗略的說，一個符合正義要求的社會，每一成員必然享有相等的自由。不管現代化社會的實質運作方式為何，社會成員的自由始終應受到最大的保障。

「自由」究竟是什麼？這問題並不簡單，理論上的爭辯也很多。但民間司改會編寫的這本書提供了一個理解「自由」的最佳途徑；也就是「隱私」的探討有助於我們了解自由的具體內涵。「隱私」這概念的英文是privacy。根據我個人的理解，privacy指的大約是「個人對於屬於一己的事物（如身體、與自己有關的資訊）與生活空間應享有不受侵犯的權利」，把它譯成「隱私」其實並不完全貼近其原本的意義，但約定俗成的結果之下，我們也只好妥協。也因為如此，假如我們依循中文「隱私」的意涵來了解西方世界中的privacy概念，我們就可能會遭遇到一些困難。

所幸在這本書中，民間司改會以美國公民教育中心所發展的教材為基礎，詳細的交代了「隱私」這個概念的具體內涵及其重要性。但這本書的優點還不僅止於此，它還教我們如何具體的運用各種方法來維護自己的隱私。除了上述的優點外，這本書還有幾點值得注意的地方。第一，它關照到我們日常生活中的各個重要層面；第二，在肯定個人隱私重要的前提下，它提醒我們不同的社會對隱私的界定和知覺會有不同，這增加了我們對隱私權的多元觀點；第三，它雖然肯定了隱私的重要，但也提醒我們在社會生活中還有其他重要的價值（如：國家安全、社會秩序），所以隱私是很多價值中的之一，而不是唯一；第四，它關照到

台灣社會中的隱私議題,它的洋味因此不致於過濃,中文讀者的接受度因此大為提升;第五,它是依教學原理編制的一本書,除了強調學生基本的認知,還注意到「做中學」的精神,同時可以方便學生的自學及老師的教學;第六,它強調學生判斷和獨立思考能力的培養,而這是我們台灣社會成員最缺乏的能力。

　　這本書雖然有如上所說的很多優點。但教育工作者使用起來也會碰到一些問題,在此僅指出兩點。其一,這本書的份量其實很重,要仔細的研讀演練,頗花時間與精力,也要有些耐心。其二,由於是以美國教材改編而成的書,國人要接受或掌握其中的想法也不免會有些文化上的障礙。

　　假如司改會編寫的這套書能廣為國人所接受,台灣社會的現代化必然會加快腳步,而一個自由民主的生活方式正是台灣賴以生存的利基。

持續往前邁進的德先生、賽先生，加油！

中央研究院院士　曾志朗

　　我是個研究人腦思維系統與其運作方式的科學家，因此對人性與獸性的區辨非常在意。多年來，我們從考古人類學、人類文化學、社會生物學，及認知神經學的研究中，看到越來越多的科學證據都指向一個事實，即越來越精緻的社會互動功能，使人類文明脫離獸性，演化出完全不同的風貌，那就是發展出抽象的道德理念，並在體認社會公平與正義的重要本質之後，建立了制度與法規，一方面藉以壓制原始的獸性衝動與嗜血的掠奪本能，另一方面也使社會的進展與人民的生活有一致的目標。

　　但由於社會的組成非常複雜，人們的需求與喜愛多元多樣，個人的能力與性向也都各不相同，再加上知識經濟的推波助瀾，造成財富分配兩極化的不均勻狀態，使得社會正義的維持更為不易。解決這樣的難題，確實是當前社會最重要的工作，而解題的核心要件還是那兩個大家耳熟能詳的理念：深化民主、提升科學，也就是說，德先生要更加成熟，而賽先生更有創意。落實之道，還是要從教育的運作中紮根推廣！

　　我好高興看到民間司改會將出版為民主與法治教育而寫的書。我曾經寫過一篇文章介紹德先生和賽先生的共生關係，在那篇文章中，我和一位朋友的對話，似乎可以用來祝賀這本書的出版。讓我略作修改，並在此重述它們的精神，希望引起大家的深思與共鳴。

　　年輕朋友問：「曾老師，科學教育的普及會促使賽先生更高大，而德先生也更健壯嗎？」

　　我想了想，就回答年輕朋友說：「賽先生與德先生雖是同卵雙生子，卻不一定有相同的命運，由於客觀的環境不一樣，有些國家的賽先生長得快，德先生卻不怎麼樣，如當年德國的納粹及蘇聯政府。但這些是例外，真正的情形是，在全世界大多數的國家裡，我們往往可以從賽先生的健康指標去推測德先生的健康情形，也就是說，把全世界

將近192個國家的賽先生和德先生作一比對，則我們會得到一個頗為可觀的相關指數。」

年輕朋友搶著說：「但高相關並不能指出因果關係，所以我要問的應當是：『賽先生是德先生的驅動者』，還是『德先生是賽先生的保證人』呢？」

我說：「也許不應該太重視因果關係，重要的是如何維護與促進賽先生與德先生的共生體系，這就牽涉到這兩位先生共同基因的問題了。我想，構成健康的賽先生和健全的德先生都會動用到許多基本的元素，但歷史告訴我們，其中最重要的公分母可能只有兩個：一個是讓證據說話（evidence-based），另一個則是批判性思維（critical thinking），而這兩者也必須有相輔相成的共生關係才行！」

年輕朋友很是懷疑：「在一個八卦消息掛帥、口水唾沫橫飛的社會，德先生是病了，他金玉其外，敗絮其中。表面上說是言論自由，其實整個社會的可信度越來越低，德先生已經是為『德』不卒，病入膏肓了！賽先生堅持讓證據說話的精神確實是對症下藥的良方。但沒有藥引子，有用嗎？」

我接著說：「藥引子，就是提升批判性思考，這是賽先生最可貴的人格特質。批判性思考不是一昧做負面的否定，它的精髓是尊重其他的意見與看法，即對任何已經被提出的看法或意見，必須去檢視它們的邏輯推論歷程，並針對其中的關鍵假設小心求證，包括論『證』與『證』據。這個態度是對事不對人，且批判的對象絕對是包括自己的理論與看法。現在社會上已經有越來越多的人養成要問問看有沒有第二種意見（ask for second opinions）的習慣了，這是好現象；但更重要的還是要看看，第二、第三或第四種意見有沒有支持的證據？否則尋求再多的意見也是白搭，只會增加思緒的混亂而已！」

年輕朋友點點頭說：「挑戰權威的態度，當然是保證德先生與賽先生茁壯的重要因素。但你能舉個最近科學界的實例嗎？」

我吐了口氣笑說：「我還以為你不會問呢！我正要告訴你一個令我頗為感動的例子。」最近我讀了一篇文章，講的是格陵蘭島（Greenland）在往後幾年到底會變綠還

是會變白？根據目前絕大多數專家與業餘科學人的看法，全球暖化的結果將使住在海岸線的居民陷入危機，因為暖化會使地球南北極的冰凍層融化，預計海平面在本世紀結束前將上漲77公分左右。海水漲、海浪高，當然對海岸線居民的居家安危造成威脅。的確，2002年格陵蘭島陸地上的冰層因地球暖化漸漸融解露出綠地，成為名實相符的「綠」島（Greenland）。這些證據使得大家更相信格陵蘭島有一天會被融解的冰水所淹沒。

「但是就是有不信邪的人！年初有一組在蘇黎士瑞士聯邦理工學院的研究者提出讓大家都跌破眼鏡的理論，他們研究南極圈的氣候變化，發現鄰近海洋的溫度升高後，會造成空氣中的水分增加，在寒冷的氣溫下，將會飄落更多的雪花。他們把在南極圈所得到的數據轉成各種參數，來模擬格陵蘭島在未來十年內因海洋加溫所產生的下雪量，結果是不減反增，也就是說，格陵蘭島不會變綠，反而會是白茫茫的一片呢！當然，這一群研究者也不忘記對自己的理論批評一番，認為若空氣中的二氧化碳持續增加，那冰層融化的程度和速度都會產生變化，屆時又可能綠意滿島嶼了！」

年輕朋友下了個結論：「讓證據說話加上批判性思維，其實也應該是德先生的必備特質，否則我們怎能檢驗民主選舉活動下，政治人物的承諾有沒有兌現？！」

我欣然同意：「科學人就是要孕育這兩個精神，使它們變成生活的態度。那時候，賽先生與德先生就是一家人了！」

在民主文明未臻成熟，而社會正義仍有待努力的台灣，讓我們共勉：德先生，賽先生，大家加油！

法治教育必須向下紮根

陽明大學神經科學研究所　洪蘭教授

法治的社會需要法治的素養,這一點,我們台灣社會非常欠缺,大家只要從每天的新聞報導就可以窺知一二。

要有法治的素養必須要有法治的教育,這套書就是民間司法改革基金會用心搜尋國外法治教育的材料,參考各國做法,集思廣益的成果。他們將美國民主基礎系列叢書翻譯介紹到台灣來。「正義」、「責任」、「權威」、「隱私」這四個觀念是民主法治的基礎觀念,美國的小學生在上社會科的課時就反覆的學習如何尊重他人,如何保護自己權益。這套書的兒童版,故事淺顯易懂,而且附有注音符號,因為教育要從小教才會有效果,尤其是可以防身的知識越早知道越好,而且教會了孩子,父母受騙的機率也會減少一些,出版幾年來受到各界的好評,現在繼兒童版、少年版之後,以國中生、高中生為對象的青少年版,也即將發行,我有機會先睹為快,非常高興。

法律是社會正義的最後一道防線,法治教育若沒有向下紮根,台灣的社會沒有希望,必須人人有基本的法律觀念,知道自己的權利和義務才不會被人訛詐。英國的培根(Francis Bacon)說「知識就是力量」,知識的力量最顯著的效果大概就是在法律這個領域了。這個法治向下紮根的工作,在我看來,是個刻不容緩的事。

法治教育原是政府用公權力應該推的事,但是現在的政府忙著內鬥沒有時間做,這個責任就落在民間團體的肩頭上。我一直認為台灣的生命力在民間,凡是該做的事,都有熱心人士出來出錢出力,看了令人非常感動,不論政府的態度是什麼,台灣至少有這麼多有心人士願意貢獻一己之力使台灣的未來變得更好。有時想想,同樣講民主,台灣的民主為何會變色?我想最主要就是我們民主教育的程度不夠高,沒有民主的素養、法治的觀念,所以一樣叫民主,橘逾淮就為枳了。要改變現況,只有從教育著手,正確的觀念一定要從小灌輸,教育一定要從小做起。民間司法改革基金會的功德無量,它的影

響會長長久久。

　　這套叢書只是個起點，但願經過全民的努力，我們下一代能真正享受到民有、民治、民享的民主生活。

洪蘭

為公民教育注入活水

台北市立教育大學教育系　湯梅英教授

　　「民主」最容易被人接受且最具感染力的說法，莫過於「以人民為主」、「人民是頭家」等簡單易懂，讓人朗朗上口的口號。誰不想當家作主呢？然而，「民主，民主！多少人假汝之名？」歷史教訓，殷鑒不遠。頭家要有什麼樣的能力，而不致淪為「只是一群賣投票的驢」？在眾聲喧嘩、價值多元的世代，什麼是社會共享的基本價值？什麼是公民應有的能力？如何培養公民基本素養？對當前民主多元的社會而言，這些都是無法迴避且難以處理的課題，而教育似乎理所當然成為解決問題的不二法門，社會各界莫不認為教育應肩負培養公民素養，引導社會「向上提升」的責任。

　　其實，教育的範疇非常廣泛，除了學校外，社會、家庭及大眾傳播等都具有「教化民心」的功能。學校教育因較有系統、制度化，尤其公立學校，無論行政組織、師資、課程與教學、經費資源等「投入」，抑或學生學習表現的「產出」，都較容易掌握操控，而成為「眾望所歸」，或是「眾矢之的」，當然更是各方勢力競逐的焦點。社會報導自殺率升高，生命教育就應列入課程教學；交通事故多，中小學就必須加強交通安全教育；青少年犯罪案件不斷增加，於是舉辦法律大會考；腸病毒流行，小朋友就要學如何正確洗手…等等，學校成為應付各種問題的萬靈丹。然而，學校真能有效解決這些五花八門的問題嗎？為配合日益滋生的社會問題，學校的學習內容是否不斷增加卻降低素質？這樣的學習是否符合教育的目的？與培養公民素質有何關聯？抑或只是灌輸國家政府箝制人民的意識型態？因此，如果學校教育以培養公民基本素養為主，教什麼？如何教？應為最基本及核心的議題。

　　美國公民教育中心所規劃的民主基礎（Foundations of Democracy）系列課程，係以美國建立憲政體制政府的四個基礎概念：權威、隱私、責任與正義，作為公民素養的核心，揭示公民教育的基本內涵，清楚回應教什麼的問題。這套課程以學生日常經驗為

基礎，處處可見由淺入深、從具體到抽象的課程設計原理，發展出兒童、少年及青少年等不同階段，加深加廣、循序漸進的系列課程。由於西方啓蒙運動所強調理性思考、獨立自主的概念，實際伴隨民主社會的發展，因此，民主基礎系列課程的目的，係培養民主社會所需的知識、技能及態度，成為理性負責的公民，以維護社會正義、公平、自由和人權的理想。

民主基礎系列課程雖以權威、隱私、責任與正義四個基本概念為主，但實際教學設計卻非傳統的講述方式，而是藉由概念知識的學習，培養學生理性思考，鼓勵探究問題，發展社會行動的能力，實踐民主原則、程序和價值觀，幫助學生了解自身經驗與社會、政治環境之間的關係。因此，這套課程可融入歷史、政府制度、其他社會學科或是人文學科，以提供學生廣博、統整的學習經驗，教師必須扮演協助者的角色，讓學生學習如何思考並做出理性的判斷與選擇，而非灌輸式的教學，限制學生思考的方向與內容。

美國公民教育中心規劃的民主基礎系列課程，非常清晰並有系統的回應教什麼及如何教的問題，雖然課程設計係以建立美國憲政民主制度的基本原則和價值觀為主軸，但實際上權威、隱私、責任與正義等基本概念，並無國界、地域的區別，而可視為民主社會培養公民素養的核心。基於此，財團法人民間司法改革基金會法治教育向下紮根中心引介翻譯這套課程，作為推廣民主法治教育的基礎教材。「民主基礎系列叢書」兒童版（適讀年齡國小低中年級）及少年版（適讀年齡國小高年級～國中）皆曾分別獲國立編譯館94及95年度翻譯類獎勵人權出版品，並受到教育機構的重視。

現在，民間司改會法治教育向下紮根中心又完成「民主基礎系列叢書」另一階段的譯著。相較於兒童版及少年版的圖文並茂及淺顯易懂，這套用於美國6至9年級的版本提供非常厚實、系統的知識，讓學生理解基本概念。例如：討論正義的概念，首先將正義相關問題分為分配正義、匡正正義和程序正義三類，然後一一釐清，並讓學生思考、應用這些概念，學習有效處理生活議題的程序、步驟與原則，培養負責公民所需的技能，在生活中實踐民主態度與精神。正如美國學者杜威在【民主與教育】一書所強調，民主並非僅限於政治的範疇，而是一種生活態度，與個人經驗及教育息息相關。

推薦序

　　這系列叢書在美國係以國中以上年齡層為對象，由於知識內容豐富，問題討論頗為實用，在我國也適合高中程度以上的一般成年人及學校教師閱讀、參考。尤其，書中所提供的基本概念，不僅能充實教師的知識與技能，也可協助教師思考公民教育教什麼及如何教的問題。雖然如此，教師採用這份教材時，仍需敏感察覺書中的內容及問題討論是否存在文化、社會等差異？如何轉化教材，適時補充台灣本土的生活經驗與實例，以貼近學習者的經驗？在學校教學時數的限制下，如何善用這套教材？這些問題不僅考驗教師的教學專業能力，更挑戰教師對培養公民素養的教學信念。

　　民間司改會法治教育向下紮根中心翻譯出版「民主基礎系列叢書」，作為推動民主法治教育的教材，其用心與努力具體可見，令人感佩，也充分展現台灣民間社會的活力。民間力量生氣蓬勃、持續不斷，公民社會發展的步履豈會遲疑、蹣跚？希望因著「民主基礎系列叢書」的譯著出版，能為公民教育注入活水，故樂於作序推薦。

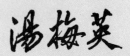

落實民主的真諦

民間司法改革基金會董事長　黃瑞明律師

　　民主與法治是台灣過去20年來努力追求的目標，二大黨競爭激烈，幾乎年年有選舉。然而民主的真諦卻絕非只是選舉，尤其是若抱著「贏者全拿」的心態參與選舉將導致政治不安，建設卻步，人民未蒙其利先受其害。

　　在人類政治史上，有許多追求民主而失敗的例子，甚至導致可怕的悲劇，值得警惕。

　　落實民主的真諦，首先就是包容與尊重不同意見，了解人生與社會的多樣性，選舉的意義其實就要讓這些不同意見充分表達出來後作為施政的參考，而避免威權心態。

　　民主發展過程中一定會碰上社會資源分配的問題，也就是比較偏重發展或是分配的問題。人類曾經為了這些問題付出革命的激情和長期對立。每次選舉的政見歧異，其實都可以看到背後隱藏的「分配正義」的問題。

　　政治制度不管如何發展，檢證施政品質的最好的標準就是對於「人性尊嚴」的尊重程度，個人的隱私權和生命權正是人性尊嚴的底線。

　　以上的問題，是民主發展容易落入的陷阱。「民主的基礎系列叢書」對這些問題，分別從權威、隱私、責任與正義的觀點舉出淺顯的例子，導入問題，提供討論，是難得一見的落實民主基的好書，不僅青少年適合閱讀，成年人也可得到很多啟發。

前言

有效的公民教育方案的特徵

有效的公民教育方案，因為至少四項特徵而顯得與眾不同：

- 學生彼此間有大量互動。強調學生間互動和合作學習的教學策略，對於培養公民參與技巧和負責任的公民至為關鍵。這類教學策略的例子包括小組合作、模仿、角色扮演和模擬法庭等活動。

- 內容需具現實性，且能平衡地處理議題。現實地與公平地處理議題，是有效的公民教育的必要元素；針對爭議的各個層面進行批判性的思考，亦同樣不可或缺。假如上課時我國的法律和政治體系被描述得彷彿完美無缺，學生會懷疑老師說話的可信度和課本內容的實際性。相反的，如果課文只列出這兩個體系失敗的例子，則會導致學生不大相信這兩個體系可用於維持社會的秩序和公平。是該尊重法律和政治體系，還是針對特定案例中體系的適用情況提出建設性的批評，兩者間應該取得平衡。

- 運用社區資源人士參與課程進行。讓學生有機會與工作於我國法律和政治體系內的各種成人角色典範互動，能使上課的效果更好更真實，對於培養學生對法律和政治體系的正面態度，亦有很大的影響力。在課堂之中善用專業人士的參與（如：律師、法官、警察、立法者等等），能有效提昇學生對公民應有表現相關議題的興趣，使得學生對老師和學校有正面的回應。

- 校長和學校其他重要高層對公民教育堅決支持。要在校內成功推行公民教育，必須得到學校高層的強烈支持，尤其是學校校長。學校高層採支持的態度，有助於公民教育的實施，他們可以安排活動讓同儕之間能夠相互激勵、獎勵有傑出表現的老師、協助老師對校外人士說明教育計畫的內容和制訂這些計畫的根據，以及提供相關人員在職訓練的機會，以取得實踐公民教育計畫所需的知識和技能。此外，要成功施行公民教育，老師及其同事對此持正

面態度是非常重要的。

　　成功的公民教育方案會引導學生積極參與學習過程，以高度尊重學生做為一個「個人」的方式來進行。反思、省思和論述，會被重視且有計畫地達成。知識和人格的培養是同時並進的，而在我國的憲政民主體制內，此二者對於培育出負責任的公民同樣重要。我們在規劃時即致力於將上述重要特點納入「民主的基礎」系列課程中。

課程理念

　　規劃這個「民主的基礎」系列課程，是基於一項根本假設，亦即教育能讓人更能也更有意願表現出知書達禮、認真負責的行為。因此，教育機構必須扮演協助學生的角色，讓他們更懂得為自己做出明智的選擇，學習如何思考，而非該思考些什麼。在自由的社會中，灌輸式的教育方式並不適合教育機構採用。

　　成立公民教育中心是基於一種信念，亦即以上述觀念為基礎的課程所提供的學習經驗，有助於教化學生，使他們願意理性而全心地投身落實各項原則、程序和價值觀，而這些正是維繫及提昇我們的自由社會所需。

課程目標

「民主的基礎」系列課程是設計來：

■ 促進對於我國憲政民主制度及這些制度據以建立的基本原則和價值觀的了解

■ 幫助青少年培養成為有效能而負責任的公民所需的技能

■ 增加對於做決定和處理衝突時，能運用民主程序的認識與意願，不論其是在公或私的生活中藉由研讀「民主的基礎」系列課程，學生能發展出辨識需要採取社會

行動問題的能力。他們會被鼓勵透過具知識性的問題探究，而能接受隨著享受公民權利而來的責任；一個建基於正義、公平、自由和人權理想的社會是否得以存續，這些責任即係關鍵所在。

課程組織

　　「民主的基礎」系列課程不同於傳統式教材，焦點並非放在事實、日期、人物和事件。相反地，它是放在對於了解我國憲政民主制度極為重要的觀念、價值和原則。這套課程以四個概念為中心：權威、隱私、責任及正義，這些概念構成了公民價值和思想的共同核心的一部分，是美國民主公民資質理論與實踐的基礎。這些概念並不連續或彼此互不相連，且有時會相互牴觸。這些概念可以有許多不同的解釋，就像所有真正重要的觀念一樣。

　　老師可以在課堂上講授「民主的基礎」系列課程全部的內容，也可以選擇與學校或地區一般課程目標和學習成果有關的特定觀念來傳授。教導這些概念毋須按照任何特定順序，然而，假如你選定某一課教授，頂多只能完成該課之目標，而無法達到整個單元或概念的目標。

　　這套課程的四個概念各分成四個單元來探討，每個單元都是在回答一個與相關概念的內容和應用有關的根本問題。以下簡述每個概念的四個單元：

第一單元：隱私的重要？

　　　　　　這個單元有助於學生界定何謂隱私，了解隱私的重要性，辨識及描述不同情況中一般被視為隱私的事項，並分辨有隱私和沒有隱私的情況。

第二單元：哪些因素會造成不同的隱私行為？

　　這個單元有助於學生了解，造成個人隱私行為不同的因素。學生學到雖然所有文化當中都有隱私這個概念，但無論在單一文化中或不同文化間，個人的隱私行為常有所差異。

第三單元：保有隱私的益處和代價

　　這個單元幫助學生了解保有隱私會產生某些影響，有些影響是益處，有些則是代價。學生也會學到不同的人對於特定情況下隱私權是否應受到保障，可能有不同的想法。

第四單元：隱私的範圍與限制？

　　這個單元有助於學生明白身為公民必須面對許多重要議題，其中最重要的一些議題與隱私的範圍和限制有關。我們會允許人們在哪些事情上保有隱私？什麼時候隱私必須為了其他的價值而有所犧牲？

第一單元：何謂正義？

　　這個單元有助於學生了解正義相關問題可分成三類：分配正義、匡正正義和程序正義。學生學會如何分辨這三種正義問題，並解釋為什麼辨別這三種正義間的差異是十分重要。

第二單元：何謂分配正義？

　　這個單元有助於學生明白何謂分配正義，或社會中個人和團體之間利益或負擔的分配是否公平。學生了解所謂的利益可能包括工作的薪餉、發言或投票的權利；負擔則可能包括做家事或納稅等責任。學生學到一套能有效地處理這類議題的「思考工具」。

前言

第三單元：何謂匡正正義？

這個單元讓學生了解何謂匡正正義，或如何公正或適當地針對錯誤和傷害做出回應。學生學到一套能有效地處理這類議題的「思考工具」。

第四單元：何謂程序正義？

這個單元幫助學生了解何謂程序正義，或用以搜集資訊及決策的程序是否公平。學生學到一套能有效地處理這類議題的「思考工具」。

 權威

第一單元：何謂權威？

學生學習權力和權威間的關係，研究權威的各種來源，並藉由分析缺乏或濫用權威的情況，來建立對權威面向的認知。然後探討可以怎麼睿智而有效地處理這類情況。

第二單元：如何評估規則與法律的好壞？如何判斷候選人是否適合某項權威職位？

學生學習必要的知識和技能，而能在面臨與規則或擔任權威職務者有關的問題時，做出有根據而合理的決定。

第三單元：運用權威的利弊得失

學生了解每次權威的行使，必定會為個人和社會整體帶來某些好處和壞處。了解權威所產生的利益和損失是必要的，如此才能針對權威應有的範圍和限制做出明智的決定。

第四單元：權威的範圍與限制

這個單元讓學生懂得如何來對權力及其限制做出決定，亦即能對特定權威或職位予以限制，而使其運用能有效而不會過當。

責任

第一單元：責任的重要？

這個單元幫助學生了解責任對個人和社會的重要性。學生檢視責任的來源，以及履行和不履行責任可能導致的結果。

第二單元：承擔責任的益處和代價

這個單元讓學生明白履行責任可能會產生某些結果。有些結果是好處，有些則是壞處。學生學到在決定哪些責任比較重要，應該加以履行時，懂得辨別利益和損失是很重要的。

第三單元：如何處理無法同時兼顧的數項責任？

這個單元有助於學生了解我們常面臨相衝突的責任、價值和利益。學生學到一套可用於理智抉擇哪些責任應該履行以及哪些價值和利益是應該追求的目標的「思考工具」。

第四單元：誰該負責？

學生自這個單元學到可用於評估和判斷某項事件或情況應該由誰負責，決定誰應該受到讚揚或責備的「思考工具」。

　　「民主的基礎」系列課程雖然本質上是在講述概念，但實際卻是以學生的日常經驗為基礎。這套課程的獨特之處，在於幫助學生了解他們的自身經驗與社會和政治大環境之間的關係。

　　這套課程在設計上可融入歷史、政府制度、其他社會科或包括語言學之一般人文課程中。

（本文由師大公領系副教授林佳範摘錄改寫自「民主基礎系列」6至9年級版本教師手冊）

「民主的基礎」系列介紹四個概念，這四個概念構成了美國憲政體制政府的基礎：權威、隱私、責任與正義。你將會明瞭這些概念，知道這些概念的重要性。

要了解美國政府據以建立的原則，當然並不是只懂得權威、隱私、責任與正義等概念就已經足夠，不過這幾個概念將有助於你明白憲政民主與不自由的社會間的重要差異。

我們將會學到民主社會的一些核心價值，我們必須付出一些代價，或承擔一些責任。我們也會知道很多時候我們必須在相衝突的價值及利益之間做出困難的選擇。

我們將有機會針對運用權威與保護隱私的情況加以討論，也會有機會根據不同的情況，決定應該如何履行責任和實踐公平正義。

我們會學到各種用以評估這些情況的做法和觀念，也就是本書所謂的「思考工具」。有了思考工具，我們在面臨權威、隱私、責任與正義的相關問題時，就能想得更清楚透徹，形成自己的立場，並提出支持自己立場的理由。

我們所習得的知識和技能將能幫助我們面對日常生活中絕大多數的情況。而藉由獨立思考、做出自己的結論以及為自己的立場辯護，我們就能在自由的社會中扮演更有用、更主動的公民角色。

簡介

美國最高法院法官路易斯・D・布倫戴司（Louis D. Brandeis, 1856-1941），早期的隱私權擁護者。

「人民有權在人身、住宅、文件與財物上保持安全，不受不合理的搜索與扣押，此權利不得受到侵犯……」

以上是美國的憲法增補條文第四條（Fourth Amendment，一般稱作美國憲法第四修正案），要求政府尊重人民的隱私權。隱私權是對人類自由與尊嚴的基本保障。隱私的價值不只在於隱私本身，更重要的是我們能享有財產權，以及享有思想、表達、宗教與良心的自由，少了隱私權，其他重要的權利都會變得沒有意義。

但是，隱私權並非一種絕對的權利。有時，個人的隱私權必須受到限制，以保障社會對於秩序與資訊的需求。我們要能思考與決定，何時應該限制隱私權，以保障社會上其他重要的利益。

隱私的課程，可以協助大家更加瞭解隱私權的重要性，同時幫助身為自由社會公民的我們，在日常生活中碰上與隱私相關的議題時，能夠處理得更好。

UNIT 1

第一單元：隱私的重要？

● 為什麼隱私很重要？

單元目標

　　本單元將使我們更加瞭解隱私的意義與重要性。我們將學會在各種情況下，如何辨認與描述隱私的實例，同時分辨哪些狀況是保有隱私，哪些狀況是缺乏隱私。

　　大家還會學到：人們用來保有隱私的一些方式，同時檢視組織與機構對於隱私的需求。

LESSON1

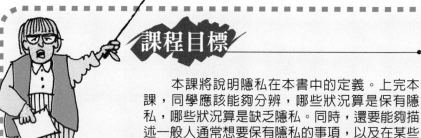

課程目標

本課將說明隱私在本書中的定義。上完本課，同學應該能夠分辨，哪些狀況算是保有隱私，哪些狀況算是缺乏隱私。同時，還要能夠描述一般人通常想要保有隱私的事項，以及在某些特定情況下，一般人可能想保有隱私的原因。

> 學習
> 術語

隱私 獨處 保有隱私的事項

何謂隱私？

隱私包括了「獨處的權利」，這種權利可能會受到不同方式的威脅或侵犯。如果有人問了我們不想回答的問題，我們會說：「我不想說」。或有時，我們希望某個人走開，或者有人來煩我們、干涉我們正在做的事情時，我們也會說：「請讓我自己一個人靜一靜（leave me alone）」。由此可見，隱私權可能包括：

1.決定自己是否要與他人分享資訊的權利。
2.獨處的權利——也就是獨自一個人、遠離其他人的權利。
3.不受他人干涉的權利。

我們不想讓他人發現、看到或干涉的事項，也就是想「保有隱私的事項」。想保有隱私的事項可能包括：

1.一些具體的事實：例如你的出生地、父母，以及年齡或體重等資料。

● 為何人們需要隱私？

2. **行動內容**：例如你去了哪裡、見到了誰，或者做了什麼事等。
3. **某個地方或是你的所有物**：例如你的房間，衣櫥或盒子裡面的東西等。
4. **想法與感受**：例如你喜歡誰、討厭誰，害怕什麼，以及你的宗教或政治信仰為何等。
5. **通訊內容**：例如信件或通電話的內容等。

分辨並檢視涉及隱私的狀況

　　閱讀下列狀況，選出與隱私有關的實例，然後回答「你的看法如何？」的問題，並和全班同學分享你的答案。

1. 阿明回到自己的房間打電話和女朋友聊天，因為他不想讓姊姊小珍聽見他們的談話。

2. 有時，小琪會一個人到樓頂去練習彈吉他，這樣別人就不會聽到她練習的聲音。

3. 小倩走到佳佳的面前說：「棒球季今天要開始了。」

4. 小怡和翠翠是好朋友，他們每週六都會在購物中心內的某個地方碰面，可是她們說好，不讓別人知道這個地方。

5. 阿宏和小雅在一個古老的山洞裡東張西望，此時，有些大石塊忽然掉下來，堵住了山洞的入口。阿宏和小雅大喊大叫，希望有人可以伸出援手，可是沒人聽見他們的叫喊，現在他們真的是孤立無援了。

6. 莉莉拿到成績單以後，發現數學成績不及格，她把成績單收起來，不讓朋友知道這件事。

7. 雖然小仁支持在野黨的總統候選人，但他在辦公室裡，並沒有提起這件事，因為他的上司支持執政黨的總統候選人。

你的看法如何？

針對以上與隱私有關的實例，回答下列問題：

1. 為什麼這個狀況是與隱私有關的實例？

2. 是誰想要保有隱私？

3. 這個人想保有隱私的事項是什麼？

4. 這個人想保有的隱私，是不想讓誰知道？

5. 你認為這個人為什麼想保有隱私？

課後練習

1. 在學校裡，有哪些隱私可能被侵犯？列出幾項你希望大家能夠遵守的規則，以保護大家在學校的隱私。然後，向全班同學說明你的規則。

2. 準備一份與隱私議題有關的剪報，或一則與隱私有關的電視新聞報導，並向全班同學說明其中的隱私問題。

3. 在上隱私課程的期間，準備一本記錄隱私議題的筆記本，在接下來的二十四小時裡，至少記下五個與隱私有關的狀況。在筆記本內針對這些狀況加以說明，指出：是誰想保有隱私？想保有隱私的事項是什麼？想保有的隱私，是不想讓誰知道？然後，說明這個人想保有這項隱私的理由。

附錄

小行動·大夢想──學習尊重

北市吳興國小師生共同擬訂校園廁所隱私宣言

　　台北市吳興國小師生在共同探討校園內有哪些值得注意的問題時，從學生的意見反映中發現有許多問題與隱私有關，因此決定仔細檢視周遭隱私問題。有小朋友反映在做身體檢查時，並不想被其他人看到，也有同學提到上廁所時曾發生的困擾，學校為此特別舉辦「校園廁所隱私談話會」。後續，師生更共同擬出校園廁所隱私宣言：「……我願意盡個人能力參與守護校園廁所隱私工作，共同為維護廁所環境及保護廁所隱私權利而努力。（1）女生或男生，不進異性的廁所。（2）隱私要好，門要鎖好。（3）上廁所輕敲門，保障自己和別人。（4）上廁所不偷看，對你對我都是好。（5）上廁所沖水和洗手，大家心情一定好。」

　　為了落實校園廁所隱私，學校方面還參考了師生共同討論出的改善方案，調整男廁小便斗擋板等設備，使得吳興國小的如廁隱私更加完善。

　　這項「廁所隱私宣言」活動，不但是教導了學生保護個人及他人的隱私，更重要的是讓學生了解對他人的尊重與對環境的關心。

MEMO

LESSON2

第二課　一般人如何維護隱私？

課程目標

本課將介紹一般人用來維護隱私的不同行為方式。上完本課後，你應該能說明，某些用來維護隱私、不讓他人看到或發現隱私事項的常見行為方式。

 獨處　保密　在信賴關係中分享祕密　排除在外

一般人會採取哪些行為方式，來保有隱私？

以下是一般人用來保有隱私最常見的行為方式：

一、**獨處**：一般人可能會找機會讓自己獨處，也就是遠離其他人。例如：他們可能單獨留在房間或屋子裡，或者搬到偏遠的地方去居住。

二、**保密**：一般人可能希望對某些私密的事保密，也就是說，他們可能刻意不把這些事情告訴別人。例如：你和你的朋友可能對週末計畫保密，或者說好不把你們看到或做過的事情，透露給別人知道。一般人也可能針對收入或負債等事項保密。

三、在信賴關係中分享祕密：如果有人把關於自己的私人資訊與他人分享，並相信這個人不會告訴別人，這就是在信賴關係中分享祕密。例如：你可以將祕密說給朋友、親戚或諮詢顧問聽，並認為對方不會把所聽到的內容說出去。一般人私下告訴醫師、律師與神職人員的訊息，都應被視為在信賴關係中分享祕密。

四、排除在外：一般人可能會藉著把他人排除在外的方式，來保有隱私或祕密。例如：你可以不讓他人窺探你的皮夾、櫃子、房間或住宅，藉此來保有隱私。有些政府機構會不准未經授權的人員，進入某些建築或軍事基地，以保有隱密性。

分辨一般人如何維護隱私

　　閱讀以下改編自馬克・吐溫（Mark Twain）的「湯姆歷險記」（The Adventure of Tom Sawyer）的片段內容，同時找出故事中的人物用來維護隱私的不同行為方式，並回答課本第15頁的問題。然後和全班同學討論你的答案。

摘錄自「湯姆歷險記」

有一天晚上，湯姆和哈克在墳場時，剛好碰上羅賓森醫師帶著波特和一個名叫喬的人，想要盜取威廉先生的墳墓。他們走近時，湯姆和哈克躲在一棵樹後，以免被發現。羅賓森醫師等人挖出了威廉先生的屍體時，波特和喬要求羅賓森醫師付給他們比原先說好更多的錢。喬告訴羅賓森醫師，他們先前還有一筆舊帳未清。

「五年前某一天晚上，我到你父親的廚房去討一點東西吃，可是卻被你趕出來，你說我到那裡一定沒什麼好事，當時我發誓，就算要花上一百年，我也要把這筆帳討回來，結果你父親就把我當作流浪漢關進牢裡，你以為這件事我已經忘記了嗎？現在我可逮到你了，你得設法補償我！」

這時喬已經把拳頭舉到醫師的面前，做出威脅的樣子。醫師突然出手，把他壓倒在地上，一旁的波特丟掉手裡的小刀，高聲叫道：「喂！別傷害我的同伴！」，轉瞬間，他已經和醫師兩個人扭打在一起，用盡全力拼個你死我活，踐踏著腳下的草地，激得泥塵四處紛飛。喬從地上一躍而起，雙眼冒火，抓起波特的小刀，躡手躡腳地來到兩人旁邊，圍繞著扭打的兩個人打轉，想要伺機而動。忽然間，醫師從波特手裡掙脫，拿起沈重的墓碑，朝波特用力一擊，波特應聲倒地──就在同一時間，喬緊抓住這個時機，把

小刀用力插進醫師的胸口，刀刃直沒入至刀柄。醫師扭曲掙扎了一下，倒在波特身上，血如泉湧流到波特身上。此時烏雲遮月，掩飾了這個可怕的景象，兩個嚇壞的男孩趕緊趁著黑暗儘速逃開。

波特醒來以後，喬騙他說：「你殺死了醫師。」

湯姆和哈克朝著村子狂奔，害怕得說不出話來，偶爾滿懷憂慮地回頭張望，深怕有人會從背後追上來，路上一有什麼風吹草動，他們都會以為是敵人出現，緊張得屏住呼吸，經過離村子不遠的幾間小茅屋時，幾隻被驚醒的看門狗對著他們狂吠，更讓他們加緊腳步奔馳，健步如飛。

「我們要是能在徹底崩潰之前回到廢棄的皮革廠就好了！」湯姆趁著急促換氣的空檔，勉強低聲擠出這句話，「我可能撐不了多久了。」哈克只能重重地喘氣，什麼話也答不出來。他們把目光對準希望中的目標，一鼓作氣往前飛奔，漸漸地接近目標，最後兩人面對面，一起衝進開著門的皮革廠，有了廠內的陰暗庇護，讓筋疲力盡的他們發自內心充滿感激。漸漸地，兩人的心跳速度終於穩定下來，湯姆低聲說：「哈克，你想接下來會如何？」

「假如羅賓森醫師死了，我看就會有人被吊死。」

湯姆想了一下，然後說：「誰會洩密？我們嗎？」

「你這是什麼話？萬一出了什麼狀況，喬沒有被吊死，那他遲早要殺了我們，這是一定的事情。」

「我也是這樣想的，哈克。」

「就算有人要說，也讓波特去說好了，如果他笨到會去說的話，不過他通常都醉得不醒人事。」

湯姆什麼話也沒說，他還在思考。沒多久他又低聲說：「哈克，波特又不知情，他要怎麼說？」

「他為什麼不知道?」

「因為喬動手的時候,他剛好被打昏了。你想他看得到任何事嗎?你想他知道任何狀況嗎?」

「沒錯,就是這樣,湯姆!」

湯姆又靜靜想了一下,然後說:「哈克,你確定你能守得住祕密嗎?」

"Huck Finn and Tom Sawyer swears they will keep mum about this and they wish they may Drop down dead in their tracks if they ever tell and Rot."

「湯姆,我們一定要守住這個祕密,你知道,假如我們走漏了風聲,而那惡魔又沒被吊死的話,他要殺死我們兩個就像弄死幾隻貓那麼容易。你看著⋯湯姆⋯我們彼此立誓⋯我們一定要這樣做⋯發誓不把這個祕密說出去。」

「我同意,這樣做最好,你能不能握著手,發誓我們⋯」

「喔,不,這樣不行,對一般小事來說這樣做是夠了,可是書上寫了:『碰上這種大事,一定要用鮮血。』」

湯姆打心底贊成這種說法,當時四周深沈、黑暗而恐怖,整個時機,整個場景,還有四周的環境,在在都配合著立誓的氣氛。他拾起月光下一片乾淨的松木板,從口袋裡掏出一小段紅筆,就著若隱若現的月光開始用力地畫線,寫到每個向下的線條時,都用牙齒含著舌頭格外用力朝下慢慢畫,碰到向上的筆觸時,就稍微放鬆力量:「哈克與湯姆在此發誓,將保守此祕密,萬一洩密,就會不得好死,屍骨無存。」

　　哈克對湯姆寫作的能力，以及高尚的用語充滿了敬佩之意，湯姆把纏繞在一根針上的線頭拉開，兩個人都伸出大拇指，利用針頭在指尖擠出一滴血，在擠了好幾次之後，湯姆終於用拇指尖當筆，簽下了自己名字的第一個字母，然後他教哈克如何簽下自己名字的第一個字母，整個誓約就算完成。他們一面以陰鬱的語氣，伴裝出某些儀式，喃喃唸著咒語，一面把松木板埋在牆邊，這樣他們的舌頭就像是被鎖住了，鑰匙也被丟棄。

　　「湯姆！」哈克小聲說：「這樣我們是不是就永遠不會說出去了…永遠永遠？」

　　「當然是，不管發生什麼事都一樣，我們一定要保密，不然我們就會不得好死…知道嗎？」

　　「我知道。」

找出並分辨維護隱私的不同方式的思考工具

　　下面所描述的隱私問題類型各不相同。同學可分組進行練習，閱讀、討論，以及回答問題，並與全班同學分享答案。

1. 在「湯姆歷險記」的故事裡，誰想保有隱私或保有祕密？

2. 他們想保有什麼樣的祕密？

3. 他們想保有的祕密，是不想讓誰知道？

4. 他們採取哪些行為，來維護隱私或保有祕密？

5. 這個故事中有哪些情形，是屬於一、獨處；二、保密；三、在信賴關係中分享祕密；四、排除在外的實例？

課後練習

1. 針對本課描述人們用來保有隱私的四種方式：獨處、保密、在信賴關係中分享祕密、排除在外，各畫一張圖，或做一張拼貼的方式來說明。

2. 保護在信賴關係中分享的祕密（例如：和醫師或律師的溝通內容），使其內容不外洩，為什麼十分重要？是否在某些情況下，應該透露這些在信賴關係中分享的祕密內容？針對你的答案加以說明。

3. 後來，在「湯姆歷險記」裡，波特被捕，並因殺害羅賓森醫師的罪名而接受審判，湯姆面臨兩難的抉擇：他是要違背對哈克的誓言，出面作證揭發實情？還是要保持沉默，讓無辜者被吊死？假如你是湯姆，你會怎麼做？為什麼？

MEMO

第三課　為何機構需要保密？

課程目標

本課介紹機構需要保密這個主題。上完本課後，你應該能夠說明，為什麼各種的民營與公立組織或機構希望保有某些祕密。

機構

何謂機構？

機構指的是有規模的組織，例如：

- 各級學校
- 企業
- 博物館
- 醫院
- 中央政府與地方政府

　　機構就像個人一樣，會設法維護某些隱私。例如：醫院希望維護醫療記錄的隱私，各級學校希望對學生的成績保密，博物館可能會希望添購新藝術品的計畫不要曝光，企業則通常希望推出新產品和行銷、廣告的計畫能夠保密，許多國家政府機關都有祕密武器或祕密的軍事計畫，他們可能對有些間諜的姓名，或是信函文件需要保密。

檢視機構的祕密

　　閱讀下列故事時，試著找出校方想保有什麼樣的祕密，以及他們想保有這些祕密的原因，然後回答課本第21頁的問題，並和全班同學討論你的答案。

● 為何學校必須讓某些成績保密？

優良畢業生提名委員會

　　王建明是森森高中優良畢業生提名委員會的成員，他在校長室外面等待時，簡直是滿腔怒火。因為，他將被迫和校長討論一個問題，而這個問題可能讓他所推動的優良畢業生提名計畫被全盤破壞。

　　前一段時間，王建明和朋友提出了一項計畫，那就是今年森森高中的優良畢業生，由該校高三同學所組成的委員會來選出，而非由老師或校長來選定。

　　對王建明來說，推動這項計畫十分重要。他覺得師長們都只看學生的成績來決定優良畢業生的提名，往往忽略了其他一些很重要的事情。於是，王建明提了了張中謀擔任優良畢業生的候選人，張中謀的成績很好，不過，還有很多同學成績比他更好。王建明提名他的原因，是因為他曾阻止校園內兩個幫派的學生惡鬥，並且協助推動「課輔計畫」。

　　在所有提名活動告一段落以後，總計有六名候選人。學生委員會要求校長提供這六名候選人的學校檔案影本，委員會希望確實掌握一切有助於決定最後結果的資訊。

　　這就是王建明坐在校長室外面等待的原因，因為校長不願把六名候選人在學校的相關檔案提供給學生委員會參考，這讓王建明非常生氣。

　　校長走到門口，請王建明進去，並請他坐下。

　　校長說：「我知道你為什麼來找我，我希望可以向你說明為何學校不能把檔案給你們看。」

　　王建明回答：「妳要怎麼解釋？我們知道校方不想讓學生委員會來決定『優良畢業生』，校方覺得我們一定會選錯人，因此你們才不願把我們需要的資訊給我們看。」

　　校長回答：「建明，事情不是這樣的。我們希望你們自己選出優良畢業生，我們也知道學校的檔案資訊可能會有幫助，可是學校也有責任對這些檔案保密，除非為了某些原因，才能使用這些檔案。讓每個人都來看學生的檔案是不對的，你想讓大家看你的檔案嗎？」

　　「不想。」王建明聳聳肩。「可是所有候選人都表示不介意，讓委員會的成員看他們的檔案，這樣不是就好了嗎？」

　　校長說：「我們還得考慮到其他的人。學校對負責打成績的老師也有責任，老師都以為學生不會看到這些檔案，父母也都以為他們寫給學校的註記內容應該不會洩漏出去，這些人也有他們的隱私權，對我們來說，這是個很困難的決定。你知道的，建明，並不是只有個人才會有祕密，有時候，學校也有一些需要保密的事項。」

找出與隱私有關的問題

1. 學校希望哪些事項能夠保密？

2. 學校希望保密的資訊，是不想讓誰知道？

3. 學校如何計畫讓這些資訊保密？

4. 為何學校希望這些資訊能夠保密？

5. 王建明和學生委員會的成員，要如何說服校方把候選人的學校檔案給他們看，或是提供他們所需要的檔案資訊？

6. 你認為這個有關學生檔案的隱私衝突，應該如何解決？

課後練習

1. 還有哪些其他的機構，可能掌握一些需要保密的個人資訊？他們想保密的，可能是哪一類的資訊？為什麼？畫一張圖來說明你的答案。

2. 有哪些你可能需要的資訊，一般機構會以機密為由，拒絕透露？這類資訊應該保密嗎？為什麼？

3. 你認為政府可以將某些資訊保密嗎？政府想保密，可能基於哪些原因？依你看，有沒有哪些資訊，是即使政府想保密，也不被允許的？說明你的立場。

4. 研究一下相關新聞，或是搜集關於有人挑戰政府機構努力保密的案件資料，然後準備一份簡短的報告，陳述事情的來龍去脈，說明你從這類政府對人民應該保密，或者不應該保密的案例中，學到了什麼。

參考資料

（一）民國91年間，國家安全局告發某週刊涉嫌洩漏國防機密資料。臺灣高等法院檢察署因而指揮調查人員搜索該雜誌社、撰稿記者的住處及印製該週刊的印刷廠等處所，查扣了一些文件資料，以及正準備出刊的雜誌；這個事件引發各界對於「新聞自由」與「國家安全」的重大爭議。

（二）民國89年間，由於某晚報連續幾日在報上刊登國安局一名上校貪瀆案件的偵查筆錄，引發台北地方法院檢察署至該報社與記者的住所搜索。據悉，由於該名上校所經手的費用，確實有部份是用於「特殊任務」，一旦這些帳戶曝光，將使我國海內外「據點」面臨瓦解，不但相關工作人員生命受到威脅，也將危及國家安全。

MEMO

第二單元：哪些因素會造成不同的隱私行為？

●城市居民如何創造保有隱私的機會？

單元目標

　　本單元將說明個人隱私行為之所以產生差異的因素。你將學到雖然所有的社會文化中，都有隱私的存在，但即使處在同一個社會文化裡，以及不同的社會文化之間，個人所表現出來的隱私行為，也常有差異。我們將檢視一些常見的差異，同時探討形成這些差異的主要原因。

第四課　人們的隱私行為，為何有其差異？

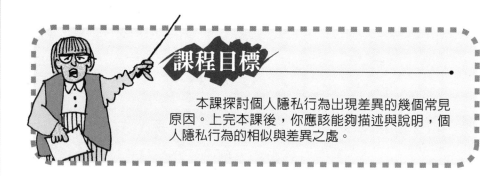

課程目標

本課探討個人隱私行為出現差異的幾個常見原因。上完本課後，你應該能夠描述與說明，個人隱私行為的相似與差異之處。

學習術語　　因素　職業　角色　價值

影響隱私行為的因素有哪些？

　　對於想要保有隱私的事項，常常因人而異。而每個人採取維護隱私的行為，往往也不一樣。我們要如何解釋這些差異呢？生活中有各種不同的因素，可以說明人們隱私行為的差異。以下是一些影響個人隱私行為的典型因素：

一、家庭：個人的家庭環境可能會對他的隱私行為造成影響。

　　1. 在小星家裡，沒有人會提起二叔的事，因為他曾多次犯法，還曾入監服刑。

　　2. 小玉和父母及六個兄弟姊妹一起住在僅有兩個房間的公寓裡，小玉很喜歡畫畫，可是有時候她很難專心作畫，因為她的家人總是在旁邊。因此，她常常到公園去畫畫，她夢想著以後能有自己的房間，讓她在裡面獨自、盡情地作畫。

● 家庭環境如何對一個人的隱私行為產生影響？

二、職業或角色：一個人可能會因為職業或角色而必須保有隱私。

　　1. 小志是一個知名的電視演員，向來以扮演「中學生」的角色而廣受歡迎。不過，他的年紀已超過二十歲，要繼續扮演「中學生」也就越來越難。因此，小志不想讓人知道他的真實年齡，他希望大家都以為他比實際的年齡小。

　　2. 燕燕在國防部負責極機密的業務，她發誓必須保密，甚至不能和兒子或最親密的朋友討論她的工作。

三、個人經驗：過去的經驗可能會影響個人用以維護隱私的生活方式。

　　1. 曾經，有位深受翔翔信賴的朋友，把他愛慕娟娟的事情，說給了全班同學聽，讓他覺得很難堪。雖然事隔多年，翔翔還是很少和人分享內心的感受，即使是和最好的朋友也是一樣。

　　2. 青青的家人總是把問題拿出來公開討論。青青長大後，幾乎沒有什麼事不能和朋友討論。

● 個人經驗如何對一個人的隱私行為產生影響？

四、保有隱私的機會：生活環境中是否有機會來保有隱私，可能會影響人們的行為。

  1. 小詩在一個地處偏遠的農場裡長大，農場與最近的鄰居相隔一公里以上，而開車到最近的城鎮則需半小時。她喜歡和家人一同離群索居住在農場，空閒時她就研究電腦，後來她成了電腦專家。她聽說高雄有工作機會，決定搬到高雄這個大城市，她進入一家大公司，表現十分優秀，多次獲得升遷，肩負的責任越來越重，薪水也很不錯。可是她對都市的群眾和噪音，一直無法適應，經過深思熟慮，她決定辭掉工作，搬回父母的農場，這樣她就可以和家人一起過著不受打擾的生活。

  2. 喬治‧歐威爾（George Orwell）在「1984」這本書裡，描述了一個特殊的社會。在這個社會裡，每個家庭中都有一種特殊的"電視螢幕"（Telescreen），讓政府可以監視與監聽每個人的一言一行。書中主角史密斯發現一間商店樓上的小房間裡，沒有這種電視螢幕，雖然那個房間很小，又破又舊，但對史密斯來說，卻宛如天堂。

五、**對隱私評價的不同**：個人本身、家庭，或其文化背景對隱私評價的不同，可能形成不同的隱私行為。

　　1. 中世紀的歐洲，人們在路邊就「上起廁所」，並不在乎是否會被他人看見。

　　2. 某些國家的人認為，小孩從出生起就應該有自己的房間。

六、**其他相對重要的價值**：即使人們已高度重視隱私，有時在某些特定的情況下，也會碰到對他們來說，比隱私更重要的事。

　　在馬克‧吐溫所寫的「湯姆歷險記」這本書裡，湯姆和哈克彼此發誓，絕對不會把看到謀殺案的事對外透露，可是後來湯姆認為無辜者不應被判處死刑，因此決定出庭作證，解救該名被控謀殺罪的人。

七、**人與人間的個別差異**：這種差異有時會讓人們在面對與隱私有關的問題時，做出不同的選擇。

　　小明和小王都是中央高中的學生，兩個人都有很多朋友，而且都很喜歡和朋友聊天。小明幾乎什麼事都可以告訴朋友，但是小王有些事就不會說。有一次，有人偷聽到小明正在和最好的朋友聊天，小王問小明，這件事會不會讓他感到困擾，小明回答：「不太會，對我來說，能和最好的朋友聊天很重要，就算有人偷聽到我說的話，也沒什麼大不了，我沒有什麼祕密需要隱瞞。」

批判思考 練習

找出與隱私有關的問題

　　運用上述的隱私行為範例，或者從自己的想像或經驗中尋找一些實例，請同學分組回答，並和全班討論你們的看法。

　　1. 為什麼一個人的家庭環境與過去經驗，會對他／她的隱私行為產生影響？

　　2. 一個人為何會因為其職業或角色的關係，而必須維護某些隱私？

3. 為何價值觀的不同，會造成人們隱私行為的差異？

4. 為何保有隱私的機會不同，會造成人們隱私行為的差異？

● 課後練習

1. 你的隱私行為和本課實例中提到的隱私行為比較起來有何異同？有哪些因素可以說明其中的相似與差異之處？

2. 有哪些因素可以說明你的隱私行為與朋友的隱私行為的差異之處？有哪些因素可以說明其中的相似之處？

3. 從事某些工作的人（例如頂尖運動選手或政府官員）是否應該比一般人擁有更少的隱私？為什麼？

4. 說明下列人士的職業，如何影響他們對隱私的需求：
   - 魔術師
   - 電影明星
   - 發明家
   - 政治家
   - 作家
   - 律師

5. 說明下列人士的職業，為何會讓他們侵犯別人的隱私？這些職業又會如何要求他們保護他人的隱私？
   - 新聞記者
   - 談話性節目主持人
   - 警官
   - 醫師
   - 私家偵探
   - 心理治療師

MEMO

▍第五課　不同的文化，如何處理隱私問題？

課程目標

本課可以讓人檢視，不同的文化用來處理隱私問題的不同方式。上完本課，你應該能說明不同文化的隱私行為的相似與差異之處。

　文化

文化的差異

　　「文化」一詞有各種不同的意義。在本課中，是指某一群體的生活全貌，包括風俗、習慣、家庭結構、政治、宗教、經濟與法律制度、藝術、科學、教育與理想。文化是一種長期的生活方式，從一代傳給下一代。

　　所有的文化都有需要維護的隱私，但是置身於不同文化的人，想要保有隱私的事項，以及用來維護隱私的方式，可能有所不同。即使在同一個文化中，不同世代的人用來維護

圖片來源：由聯合報系提供

● 在牆薄如紙的和室房裡，如何保持隱私？

隱私的行為，也可能大不相同。例如：有些人認為年齡應該保密；另外有些人可能願意透露年齡，但是卻認為自己的宗教或政治信仰是一種隱私。有些人總是私下進食，因為他們的文化認為，公開進食是一件不禮貌的事。

　　人們建築房舍時，會採用隔音牆來保護隱私。有些牆可能很薄，聲音輕易就能穿透，在這樣的文化中，人們會刻意不去傾聽，或者假裝沒有聽到彼此的聲音，以維護一種隱私感。

　　有些人和他人談話，如果相距超過一公尺，就會感到不自在；但另一種人，只要和對方距離不到一公尺，反而會不舒服。想想看，來自這兩種不同文化的人在一起談話，會發生什麼狀況？

　　以下的練習，將會檢視和我們文化背景不同的人的隱私行為。

批判思考 練習

檢視隱私行為

　　閱讀以下選錄的內容。在閱讀時，試著找出莫西納庫族（The Mehinacu）的隱私行為，並思考出現這種隱私行為的原因，然後和全班同學討論你的答案。

莫西納庫族

　　居住在巴西中部的莫西納庫族，他們的房子是用樹葉蓋成的，通往田地、港口和沐浴區域的道路又寬又大，只要走在這些路上，很容易就被人看見。透過薄薄的牆壁，莫西納庫族人就能很輕易地聽見別人的談話，每個人都知道其他人的所有事情。

　　莫西納庫族人要如何保有隱私呢？他們嘗試了許多不同的方式。莫西納庫族的文化中有一條不成文的規定——認為該族的婦女不能進入「男性之屋」。「男性之屋」通常是小小的建築，讓男性在宗教與社交場合使用。

　　另外，莫西納庫族人不能進入別人的房舍，因此，他們通常得隔著房子的牆壁來對話。而在屋子裡面，有些區域是家人不能進入的，例如：準備擔任酋長職務的人，他的周遭就會設立起屏障，讓他可以自己獨處一段時間。

　　莫西納庫族人還運用一些其他的方式來保有隱私，他們的村子裡有一些隱藏的小徑和秘密的沐浴區域，讓人在渴望隱私的時候，有地方可以去。根據他們的習俗，如果發現有人在做壞事或非法的事，不應該隨便告訴別人，大家對發生在眼前的事情，有時會假裝視而不見。

檢視莫西納庫族人隱私行為的思考工具表		
他們想保有隱私的事項有哪些？	他們想保有的隱私，是不想讓誰知道？	他們如何保有這些隱私？

你的看法如何？

1. 莫西納庫族人的隱私行為和你比較起來，有哪些相似與相異之處？

2. 你如何解釋這些相似與相異之處？

3. 你有沒有碰過來自不同文化的人？他們的隱私行為和你有何差異？

4. 你認為為何各種文化的人，都需要某種形式的隱私？

檢視隱私行為

● 如果所有的行動都會被看見、被聽見，你會有什麼感覺？

閱讀下列選錄的內容，想想看假如你住在文中所描述的社會，會有何感受？你的隱私行為會是什麼樣子？有哪些原因可以說明你的隱私行為？

喬治·歐威爾所寫的「1984」這本小說，描述了一個特殊的社會。在這個社會裡，每個人的一言一行，都受到"黨"（Ruling Party）的控制，"黨"在很多大樓上面，都設置了大型海報，海報上的圖案是一張人的臉，無論你走到哪裡，這張臉孔上的眼睛都好像在盯著你看，每張大海報的下方，都寫著同樣一句話：「老大哥正在看著你（BIG BROTHER IS WATCHING YOU）。」

每個人的公寓裡面，都有一個特殊的電視螢幕，沒有任何方式，可以把它關掉。這個電視螢幕除了可以播放節目外，還可以秘錄公寓裡面的所有狀況，只要在這個螢幕的視線範圍之內，每個人的一舉一動，都逃不過思想警察的法眼。屋內的行動或對話都會受到電視螢幕的監視，所有帶進屋內的物品，也會被發現。

人們沒有任何方式可以得知自己是否受到監視，思想警察可能隨時隨地都盯著他們，也可能只在某些時段進行監控，沒有人可以確定實際的狀況。不過，有一件事是確定的：只要思想警察想監視，不論何時何地都能辦得到。大家得忍受這樣的狀況——相信自己發出的每一個聲音，都會被監聽。因此，除了在完全黑暗的狀況以外，人們的一舉一動都會受到監視。

你的看法如何？

1. 在上述的故事中，人們可能想保有什麼樣的隱私？

2. 他們如何設法保有隱私？

3. 有哪些因素可能會影響上述故事中人們的隱私行為？

課後練習

1. 電視節目中主角的隱私行為，是想要保有何種隱私？他如何設法保有隱私？你要如何解釋他的隱私行為？寫下這些問題的答案，然後和班上同學討論。

2. 以一個和你住在相同地區，而且希望保有隱私的人為主角，撰寫一篇故事。設法描述這個人想保有什麼樣的隱私，以及這個人採取這些隱私行為的原因為何？

3. 寫下三個你心目中與隱私有關的疑問。人們保護隱私的原因或方式；不同文化背景的人的隱私行為相似與相異之處；或者是有關隱私對人們或社會的影響。

●醫師或律師尊重當事人的隱私，可能帶來哪些益處與代價？

單元目標

　　維護隱私會產生某些影響，有些是獲得益處，有些則是要付出代價。要針對隱私的議題做決定時，認識並考量保有隱私的影響是很重要的。例如：如果我們要決定在某個特定的情況下，是否應該維護隱私，就得思考可能會有的益處與代價。

　　本單元將帶領我們辨識一些保有隱私常見的益處與代價。我們也將發現，在某些特定的情況下，是否該保有隱私，不同的人也會有不同的看法。

▌第六課　保有隱私可能會帶來哪些影響？

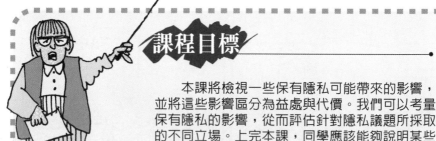

課程目標

　　本課將檢視一些保有隱私可能帶來的影響，並將這些影響區分為益處與代價。我們可以考量保有隱私的影響，從而評估針對隱私議題所採取的不同立場。上完本課，同學應該能夠說明某些保有隱私常見的益處與代價。

學習術語　益處　代價　獨特性　極權主義　創意　刺激思考

批判思考 練習

辨認保有隱私的影響

　　將全班同學分組，請每個小組閱讀下面的狀況，並把每個狀況中保有隱私可能產生的影響列出來，然後將這些影響區分為益處與代價，並和全班同學分享每組的答案。

1. 在美國獨立之前，英國在殖民地的官員會用一種名為「協助搜查令」（Writs of Assistance）的一般性搜索狀，在任何時刻進入殖民地民眾的家中，搜查他們犯罪的證據。但現在，基於美國憲法第四修正案，政府官員已經不能使用一般性的搜索狀，來搜查犯罪證據；相反的，他們得先讓法官相信確實有

充分的理由，可能在某個特定的地點，找到某個特定的犯罪證據，才能取得搜索狀。如果法官相信這種判斷，才會發出一種明確的搜索狀，上面詳細載明「可以搜查的地點，以及要逮捕的人犯，或者要扣押的物品。」

●對哪種隱私的侵犯，促使美國制定憲法的增補條文第四條？

2. 我們常常在電視新聞上看到，警察帶隊搜索犯罪嫌疑人的住處，或是出現犯罪嫌疑人的畫面時，會加上馬賽克等模糊畫面。

3. 學校會針對每個學生做紀錄，導師和輔導老師會在這些檔案中寫下對每個學生的評語，這些資料通常都保存在校長室或輔導室，只有導師、輔導老師、行政人員或學生的父母可以查看這些記錄。

4. 根據大多數國家的法律，律師原則上不能把客戶私下會談的訊息洩漏出去。

5. 小倩的祖父過世時，小倩在家裡哭了又哭，可是她從來都沒有在學校裡表現出自己的感受。當小倩的朋友問她究竟有何心事時，小倩只是搖搖頭，什麼話也沒說。

檢視保有隱私的影響

綜上所述，保有隱私可能帶來許多不同的影響。有些影響是益處，有些則是代價。以下是保有隱私最常見的一些益處與代價，閱讀時請同時思考，在我們自己的生活中，為了保有隱私，會產生哪些益處與代價。

保有隱私的益處

一、自由：保有隱私協助人們自由的思考與行動，不必受到他人不合理的影響或控制。這種自由可以讓一個社會避免淪入極權主義，也就是由一名獨裁者，或一個執政黨完全控制的狀態。

　　例如：一般人在家裡享有隱私的時候，通常可以和家人、朋友暢所欲言，談論他人可能不會欣然接受的想法與信念。而和家人朋友聊天，可能會激發出一些新的觀點與想法。

●為何保有隱私可以保護信念與想法的自由？

二、安全：如果人們可以尊重彼此的隱私，就會在個人、家裡、信念與人際關係上
　　感到安全。

　　　　例如：如果朋友能夠尊重我們的隱私，我們就可以放心，他們不會在我們想要
　　　　　　　獨處時來打擾，或者洩漏我們的想法或意見，讓我們感到難堪。

● 為何保有隱私有助於保護計畫與想法？

三、保護經濟利益：保有隱私讓一般人的想法、計畫、發明，以及達成目標或製造
　　產品的方式得以保密，這樣有助於開創與推銷新產品，以及與他人競爭。

　　　　例如：假設你設計了一件T恤，而且覺得這件T恤會很暢銷，能夠賺大錢。那你
　　　　　　　的這項設計就要保密，直到真正做出T恤、可以上市銷售為止，這樣才
　　　　　　　能防止他人剽竊你的創意。

四、獨特性：缺少隱私，很容易會被要求跟大家做一樣的事情，可能會讓一個人無法形成自己的價值觀、信念與想法。

例如：生活在一個大家庭，或是一個團體中，常常會缺乏隱私，讓人覺得必須接受整個團體，或是團體領袖所認為正確的信念與行為。

● 為何保有隱私可以消除（擺脫）接受他人看法的壓力？

五、創意：對富有創意的想法或工作而言，保有隱私可能是必要的。

例如：如果你正在寫一篇故事，而有人在你的背後看著你寫，你可能會覺得那個人好像在當評審，或者會擔心他對你的故事會有什麼樣的想法，又或者有人在旁邊講話及問問題，這些假設狀況可能會讓你覺得很難專心。

● 為何保有隱私有助於發揮創意？

六、**親近感**：人與人之間想培養溫暖而親切的關係，就一定要有隱私。

　　例如：除非有獨處的機會，否則人們不太可能與他人培養親密的友誼，以及分
　　　　享內心最深處的想法與感受。

● 為何保有隱私有助於培養親密的友誼？

檢視保有隱私的益處

　　請和同學一起回答下列問題，並舉出一些真實或想像中的例子，加以說明或解釋你的看法。

　　1. 你認為人與人之間要培養親密的關係，保有隱私真的是不可或缺的嗎？為什麼？

　　2. 在學校或社區裡，有哪些事情會被要求和大家一樣？為何保有隱私可以讓我們擺脫這些壓力，並且能夠發展自己的想法、感受與生活形態？

3. 如果個人擁有的事物，都不能保有隱私權，或者如果想獨處時，別人卻不尊重你的意願，你會有什麼樣的感覺？

4. 為何保有隱私可以協助我們展現創意？

保有隱私的代價

一、寂寞與疏離：過度保有隱私可能讓我們與其他人疏遠，進而感到寂寞，而且與他人關係惡化。

例如：假設有人獨自生活，很少與他人互動，這種幾乎都是一個人獨處的狀態，會讓這個人在和他人互動時感覺不自在。

● 你認為過度保有隱私會導致寂寞嗎？

二、**缺乏激勵與知識上的成長**：人們藉由與他人的互動，來修正自己某些想法上的錯誤，同時吸收一些新的觀念。過度保有隱私可能有礙意見交流，讓我們無法從他人身上學習。

　　例如：假設有人從不和別人討論自己的想法，那他就很難察覺自己想法上的錯誤，這樣的人也很難學習新的觀念。相對的，別人也永遠無法從他們的見解與提供的訊息中獲益。

● 為何保有隱私可能有礙知識上的成長？

三、**行為不檢與法治不彰**：保有隱私會讓非法行為不被發現，而且不被處罰。

　　例如：如果有些隱密的地方，做什麼事都不會被人看見，有人就會到這些地方犯罪，或者隱藏他們犯罪的證據。

● 為何保有隱私可能製造犯罪的機會？

四、**財務上的成本**：保有隱私可能會提高處理某些事情的成本。

　　例如：一個家要隔出好幾個房間，以保障隱私，所需要的成本比只要一個大房
　　　　　間來得高。

五、**缺乏責任**：保有隱私讓人得以在不被他人看見的情況下做事。正因如此，如果
　　事情出了差錯，可能無法找出誰該負責。

　　例如：缺少旁人的監督，有人可能會在工作上投機取巧、考試時作弊，甚至偷
　　　　　竊等。這些事情可能一直沒人發現，或者永遠也無法證明是誰該負責。

檢視保有隱私的代價

請和同學一起回答下列問題，並舉出一些真實或想像中的例子加以說明或解釋你的看法。

1. 過度保有隱私，會不會對你的創意發展造成影響？請詳加說明。

2. 為何過度保有隱私可能產生一些問題，讓人無法與他人發展友誼或建立關係？

3. 為何保有隱私可能提高處理某些事情的成本？

4. 你是否認為保有隱私可能讓人犯罪卻不被逮捕？為什麼？

5. 你是否認為保有隱私讓某些事情更難找到該負責的人？為什麼？

課後練習

1. 在新聞報導裡找出一個與隱私有關的議題，或者自己編寫一個例子。準備一張紙，把在這個情況下保有隱私的影響列出來，並將這些影響區分為益處與代價，然後向全班同學說明。

2. 請老師邀請一名檢察官或律師到班上來，和大家討論他/她對保有隱私的益處與代價的看法。列出一些問題請教這名來賓。

▍第七課　在信賴關係中分享祕密，可能帶來哪些益處與代價？

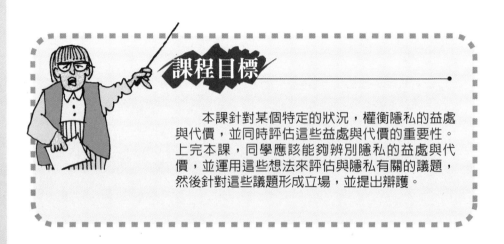

課程目標

　　本課針對某個特定的狀況，權衡隱私的益處與代價，並同時評估這些益處與代價的重要性。上完本課，同學應該能夠辨別隱私的益處與代價，並運用這些想法來評估與隱私有關的議題，然後針對這些議題形成立場，並提出辯護。

權衡隱私的益處與代價

　　在針對隱私的議題做決定之前，先評估隱私的益處與代價是很重要的。我們必須判斷有哪些隱私的影響，對我們而言較為重要。隱私的益處是否大於代價？還是我們認為隱私的代價已經超過了益處？

　　針對在某個特定的情況下保有隱私，到底是益處比較大，還是代價比較大，每個人的看法可能都不相同，到底隨之而來的益處能不能勝過代價，每個人的看法可能也都不一樣。就拿維護學生置物櫃隱私的規定來說，每個人都會同意，這項規定的益處是可以保護學生的隱私權，以及保護學生的個人財產；每個人也都會同意，這項規定的代價可能會讓校方行政人員處理校園非法藥物、武器，或其他不當物品的能力受到影響，因為這些東西可能就藏在學生的櫃子裡。

　　有些人或許會認為，就這項規定而言，保護學生隱私的益處大於代價；但另外有些人或許覺得，此時的代價比益處更為重要。我們將會發現，在檢視與隱私有關的議題時，先考量其中的益處與代價是很重要的。

犯罪與保密

閱讀下列故事，分組寫出下列問題的答案，然後和全班同學分享各組的答案。

校園置物櫃案件

　　過去幾個月來，森森高中發生多起學生置物櫃裡的東西失竊事件，而無論是警察或校警，都無法找回這些失物。這類偷竊事件幾乎每天都發生，大家都在討論並猜測誰是小偷，可是誰也沒有確實的證據。

　　有一天，小白下課後留下來和他最喜愛的陳老師談話，他非常信賴陳老師。

　　「小白，有什麼事我可以幫忙？」陳老師問。

　　「陳老師，我有個問題需要請你給我一點建議，可是你要先答應我，不會把這件事情告訴任何人。」

　　「小白，我答應你，凡是學生私下告訴我的事情，我都不會告訴別人，你可以放心。」

　　「陳老師，我有一個大問題，是有關最近校園裡發生的偷竊事件。」

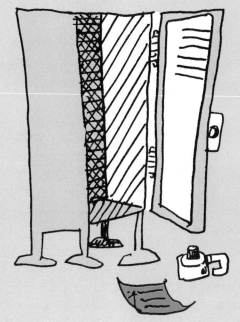

「你是不是知道些什麼？」陳老師的聲音裡透露出一絲擔心。

小白盯著地板看了好一陣子，重重嚥了一下口水，才開口繼續往下說：「昨天我上完體育課，正在換衣服，卻聽到幾個人講話的聲音，他們以為旁邊沒有其他人。聽這幾個人講話的內容，他們就是偷東西的人！事實上，他們還在商量接下來要去偷哪裡的櫃子。」

「就在我剛聽完這番談話後，我手裡的運動鞋突然掉在地上，應該是我很害怕吧，他們的身材都很高大，而且他們一聽見我鞋子掉下去的聲音，就把頭都轉向我，可是我假裝沒有看見他們。」

「我不知道該怎麼辦？我怕如果把這件事情講出去，他們可能會來找我麻煩。」

陳老師仔細看著小白，他知道小白很害怕，而他也瞭解為什麼。小白知道東西是誰偷的，就算小白不知道他們的名字，只要看見他們，他還是認得出來，而且說不定只要從學校的檔案照片裡，小白就可以指認出他們。

小白的立場很為難，陳老師的立場也很為難。如果偷竊行為能夠被阻止，校園裡每個人都會鬆一口氣；但從另一方面來說，陳老師已經答應，不把小白告訴他的事情說給任何人聽，當他承諾這件事的時候，他並不清楚小白要告訴他的事情有多重要。

好長一段時間，陳老師和小白只是靜靜地凝視對方，都不知如何是好。

分辨益處與代價

1. 寫出如果陳老師和小白繼續保密，可能會產生的四～五項影響。

2. 在你認為是益處的影響旁邊註明「＋」，在你認為是代價的影響旁邊註明「－」。

3. 你覺得在這種情況下陳老師應該怎麼辦？小白應該怎麼辦？運用你剛寫下來的益處與代價，來論述你的看法。

● 課後練習

1. 寫一篇故事或畫一幅畫，描繪對你或對你認識的某人而言，保有隱私十分重要的某個片刻，然後把在故事或圖畫中保有隱私的益處與代價列舉出來，最後再判斷其中的益處是否超過了代價，並說明原因。

2. 老師與學生、醫師與病人，以及律師與當事人之間的對話內容，通常都會保密，即使不是法律的約束，也是專業標準的要求。針對這類對話內容保密會產生什麼樣的影響？其中哪些影響是益處？哪些是代價？你認為這類對話內容應該保密嗎？為什麼？

第八課　政府保密可能帶來哪些益處與代價？

課程目標

　　本課將檢視容許政府保守秘密的益處與代價。另外，請大家扮演聽證會中的各個角色。在這個聽證會裡，不同的團體各自有不同的立場。上完本課，同學應該能夠說明，針對與隱私有關的議題進行評估，然後採取某個立場並提出辯護前，先考量隱私的益處與代價，其實很有用。同時，同學還要能夠解釋，為何立場不同的人，對於隱私的益處與代價的看法，也會有所不同。

學習術語

藥物食品檢驗局　行政單位

批判思考練習

檢視政府的隱私

　　仔細閱讀下列故事，並將全班分組，一起評估故事中政府保密帶來的影響。

好眠安眠藥

睡眠不佳的人只要走進社區的藥局，就可以買到一瓶「好眠安眠藥」，生產「好眠安眠藥」的「好睡製藥公司」聲稱，顧客只要在睡前服用兩顆好眠安眠藥，保證能夠一覺到天亮。

好眠安眠藥剛開始上市的時候，非常暢銷，大家似乎都勇於嘗試一些可以讓他們一夜好睡的產品。可是，很多人服用這種藥片以後，第二天早上醒來卻有頭痛的症狀，於是就有人向藥物食品檢驗局投訴。

藥物食品檢驗局是政府行政單位的一個分支機構，成立的目的在

● 藥物食品檢驗局對調查內容採取保密，有哪些益處與代價？

於保護民眾不會受到無效或有害的食品與藥物影響，也不受不實廣告的欺騙。立法院通過了嚴格的法律，以確保民眾不會發生這類的傷害，而執行這些法律就是藥物食品檢驗局的責任。藥物食品檢驗局為了履行職責，必須進行科學測試，以判斷哪些食品與藥物可能有害。

藥物食品檢驗局一收到有關「好眠安眠藥」的申訴，立刻開始進行一連串的測試，以確定這種安眠藥是不是引發服用者頭痛的主因。

當藥物食品檢驗局針對某項產品進行測試，以確定這項產品是否有害時，他們不會向社會大眾公布，是哪一種特定食品或藥物正在接受測試。對於這類調查內容要保密的原因之一，是因為即使後來確認這項產品並沒有害處，大家也可能會停止購買這項產品。

藥物食品檢驗局針對「好眠安眠藥」進行測試好幾個月以後，民眾開始聽到藥物食品檢驗局正在調查這項產品的一些傳聞。有些人試圖向藥物食品檢驗局查詢，想知道這些風聲是否確有其事。藥物食品檢驗局表示，根據「政府資訊公開法」等相關法律，他們沒有必要向大眾透露，某項產品是否正在接受調查。

以角色扮演表達不同的觀點

● 你能提出哪些論點，來支持你們小組的立場？

讀完「好眠安眠藥」這個故事以後，將全班分組進行以下角色扮演的活動，每一組同學代表下面一個組織：

第一組：要求藥物安全的民眾
第二組：好睡製藥公司
第三組：藥師公會
第四組：藥物食品檢驗局

第一組至第三組應該：

1. 把藥物食品檢驗局在上述情況下決定保密的益處與代價條列出來。

2. 決定你們所代表的組織是支持、還是反對藥物食品檢驗局的決定。

3. 準備一段簡短的報告，說明你們這個小組代表的組織認為藥物食品檢驗局所做的決定是對或錯。假如你們是支持藥物食品檢驗局的決定，請說明為何這個決定的益處大於代價；如果你們反對藥物食品檢驗局的決定，說明為何這個決定的代價大於益處。

4. 每組選出二到三位發言人，負責向藥物食品檢驗局提出小組的立場。

　　代表藥物食品檢驗局的學生將扮演聽證會中的官員，在其他小組成員報告的這段時間，這組的成員應該向各組的發言人提出一些問題，同時選出一位擔任主席，負責主持聽證會。

　　當每一組都說明自己的立場後，代表藥物食品檢驗局的小組，應該針對不向大眾揭露某項產品正在接受調查的狀況，可能產生的最好與最壞的結果進行論述，接著這個小組（或全班同學）應該投票表決是支持還是改變藥物食品檢驗局的決定。最後，全班同學應該討論，對於和隱私有關或其他議題採取立場並為其辯護時，先考量益處與代價將帶來哪些好處，做為本活動的結尾。

● 課後練習

1. 為何立場不同的人，對隱私的益處與代價，看法也會不同？

2. 你能否想到有任何機構（例如學校、醫院或政府機關……等）持有一些有關你或你的朋友的資訊，是你們不想公諸於世的？如果有，你是否贊成這個政府機關保密的案例？請說明你的立場。

3. 複習你在第五課的課後練習，所寫下與隱私有關的疑問。你認為這些問題可能的答案有哪些？把答案寫下來，然後再另外列出三個以上與隱私有關的疑問。

UNIT 4

第四單元：隱私的範圍與限制？

單元目標

　　隱私的範圍及限制等相關問題，是民主社會的公民所面臨的重要議題之一。哪些事情我們應該讓別人保持隱私？哪些時候我們應該犧牲隱私，以維護其他的重要價值？只要有想要維護隱私的群體或個人，而另外又有一些宣稱有權探知某些機密的人，兩者之間就會出現上述爭議。在某些情況下，維護隱私是合理而公平的做法，但在另外一些情況下，不同的價值與利益可能比隱私更加重要。在本單元中，大家將學到一些可以用來評估與隱私問題有關的思考工具，讓我們可以針對這類爭議採取立場，並為其辯護。

▎第九課　哪些思考工具有助於處理隱私爭議？

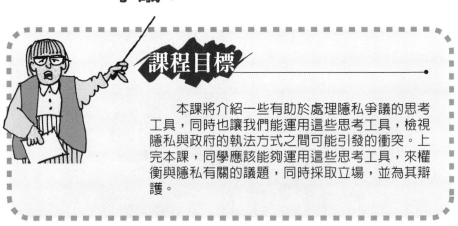

課程目標

本課將介紹一些有助於處理隱私爭議的思考工具，同時也讓我們能運用這些思考工具，檢視隱私與政府的執法方式之間可能引發的衝突。上完本課，同學應該能夠運用這些思考工具，來權衡與隱私有關的議題，同時採取立場，並為其辯護。

學習術語

合法性　價值　同意　相關的考量事項　利益
政府資訊公開法　法律義務　搜索票　道德義務

▎政府在何時可以侵犯你的住宅隱私？

　　美國從殖民時期起，人民就深信公民在家裡應享有隱私權，以保護自己不讓政府官員強制侵入住宅房舍。美國憲法增補條文第四條禁止政府對「人身、住宅、文件與財物」進行「不合理的搜索與扣押」，但要大家都同意「什麼才是不合理」，有時候並不容易。

　　憲法所保護的隱私權，並不是一種絕對的隱私權。在某些情況下，政府官員還是可以進入我們的住宅。舉例而言，消防隊員可以到我們的家裡來救火；必要時，警察也可以到我們的家裡，來阻止即將發生，或者正在進行中的犯罪行為。另外，檢察官如果能說服法官，讓法官相信有充分理由顯示，可以在我們的家裡找到犯罪

證據，並請法官開立搜索票，授權檢察官指揮警察搜查這些證據，警察就可以進入我們的家裡。而如果獲得屋主的允許或邀請，政府官員也可以進入民宅。

● 政府何時可以侵犯你的住宅隱私？

　　而我國「憲法」第八條規定：「人民身體之自由應予保障。」；第十條：「人民有居住及遷徙之自由。」；第十二條：「人民有秘密通訊之自由。」；第二十二條：「凡人民之其他自由及權利，不妨害社會秩序公共利益者，均受憲法之保障。」等等，都屬於我國憲法對人民隱私權保障之相關規定。在司法院大法官釋字第二九三號、第五〇九號、第五三五號、第六〇三號也明白指出人民有「隱私權」；此外，我國「民法」第一九五條、「刑法」第二十八章妨害秘密罪、「刑事訴訟法」關於搜索及扣押之規定，與「通訊保障及監察法」，都是法律對於隱私權的直接保障。

　　閱讀以下的故事，思考其中相互衝突的價值與利益，以及必須在兩者之間做出的選擇，然後分組回答第64頁「你的看法如何？」的問題。

LESSON9

檢視相互衝突的價值與利益

大寶的故事

大寶是我國公民，享有我國公民應有的一切權利。隱私是他生活當中十分重要的一部分，有了隱私，表示他在家裡很安全；在選舉的時候大寶能用不記名的方式投票，而且他可以思考任何的事情，不必擔心政府會來逼迫他接受政府的觀點。若缺少了隱私，大寶和所有其他人的個人獨特性與自由都將大打折扣。

但如果大寶被懷疑擔任幫派首腦，除了可能涉及好幾百萬元的竊案，還將所有妨礙這個幫派行動的人，全都給殺害，而警察希望確定大寶是否涉案。但要查明這點，警察就必須取得有關大寶從事各項活動的相關資訊。由於每個人都有隱私權，因此讓警察的調查工作變得十分困難。

你的看法如何？

1. 在上述情況中，有哪些價值與利益和隱私相互衝突？

2. 有時，我們在「保護隱私」與「保護其他價值」之間，是否必須有所取捨？

3. 有些規則或制度，可以用來決定某人何時應該對保有隱私權讓步，以彰顯其他價值，為何這類規則或制度十分重要？

① 有助於權衡隱私爭議的思考工具

隱私可能和其他重要的價值與利益產生衝突。例如：保護隱私的目標與執法的目標往往會形成衝突，而一般人對於如何解決這種衝突，看法可能大不相同。以下

是一些在決定如何解決與隱私有關的衝突時應該考量的事項：

 同意：當事人是否同意自己的部分隱私權受到侵犯？

1. 假如警察想搜索某人的房子或汽車，而當事人也允許他們這麼做，那麼他就是同意搜索。

2. 在機場的安全檢查站，搭乘飛機的乘客都瞭解，每個人得先通過金屬探測器的檢查，手提行李也得經過X光機器的掃瞄，才能順利登機。由於他們事先就已經瞭解到這一點，而且他們可以選擇不要搭飛機，以避免隱私權受到侵犯，因此可以認為他們已經同意接受這些安全檢查。

3. 獲選擔任公職的人明白，自己過去許多的經歷與行為，都會揭露在大眾面前。由於他們可以選擇不要擔任公職，就可以避免這種隱私權受到侵犯的狀況，因此可以認為他們已經同意公開揭露有關他們自身的部分資訊。

● 為何「同意」可以讓侵犯隱私合理化？

 合法性：想侵犯別人隱私的人是否有如此做的合法權利？

1. 法官簽發的搜索票，賦予警察在特定地點搜索的合法權利。

2. 海關官員有合法權利，可以對可疑的出入境者進行搜身。

3. 民國九十四年通過的「政府資訊公開法」，賦予人民取得政府文件的合法權利，除非文件中包含某些類型的機密或保密資訊。

● 為何「搜索票」可以讓侵犯隱私具有正當性？

法律義務：一個人是否有法律上的義務要維護另一個人的隱私？

1. 「醫師法」第二十三條與「醫療法」第七十二條規定，醫師與醫院負有法律義務，不得洩漏病人的病歷內容。

2. 假如有人簽下合約，承諾會針對其中某項資訊保密，這個約定就形成不得透露這項資訊的法律義務。

道德義務：一個人是否有道德上的義務要維護另一個人的隱私？

1. 承諾要保密的人通常就有道德義務，不得把這個祕密洩漏給別人。

2. 醫師有道德義務，不得透露病患的個人病歷資訊。

3. 律師有道德義務，不得洩漏有關當事人的機密資訊。

● 為何「法律義務」能要求醫師為病人的病歷保密？

閱讀以下案例，思考前述應該考量的事項，然後分組回答第69頁「你的看法如何？」的問題。同學將可以運用這些問題的答案，來決定如何解決這個案例中與隱私有關的衝突。

┃檢視相互衝突的價值與利益┃

搜索

　　某天傍晚，有三名警察來到一個名叫齊莫的人家門前，警察手中握有一張拘票，授權他們以竊盜的罪名，逮捕齊莫先生。這三名警察敲了敲門，向

齊莫太太說明自己的身分，並問齊莫太太能不能讓他們進去屋子裡，齊莫太太同意讓三名警察進去。他們在屋內等了十五分鐘，齊莫先生才下班回來。齊莫先生一進門，一名警察就遞上拘票，同時要求齊莫先生讓他們在屋裡「四處看一下」，齊莫先生拒絕了，可是警察說，無論如何，他們還是要在屋子裡進行搜索，而這些警察並沒有搜索票。

　　這些警察在齊莫太太的陪同下，搜遍了這間有三個臥室的大房子，包括閣樓、車庫和一間小小的工作室，都在他們的搜查範圍內。其中有幾個房間他們很快地搜查完畢，可是到了主臥室時，警察請齊莫太太把抽屜都打開，還把東西移來移去，以便尋找任何一件可能是偷來的物品。搜查結束以後，警察帶走了幾樣東西，其中多半是珠寶、項鍊、戒指，還有一些其他的物品，整個搜索行動將近一小時。

● 我們如何評斷警察搜索民宅的行動？

你的看法如何？

1. 齊莫夫婦是否同意讓警察搜查他們的房子？說明你的答案。

2. 警察是否有合法權利，可以搜查齊莫夫婦的房子？為什麼？

3. 警察是否有法律義務，不得搜查齊莫夫婦的房子？為什麼？

4. 警察是否有道德義務，不得搜查齊莫夫婦的房子？為什麼？

② 有助於權衡隱私爭議的思考工具

　　我們已經知道一些相關的考量事項，可以協助大家更清楚地思考與隱私有關的議題。現在我們將運用這些考量事項當做一部分的特定程序，來權衡與隱私有關的爭議，當評估某個與隱私有關的議題，採取一個立場，或為自己採取的立場辯護時，都可以運用這些步驟（程序）。請注意這些步驟中所指的「人」，可能是一個群體或一個機構，如學校或政府單位。

一 找出要求隱私的人

　　找出要求隱私的人，以及他想保有隱私的事項。要如何保有這個事項的隱私？想要保有這個事項的隱私的原因何在？

二 找出想侵犯他人隱私的人

　　找出反對保有上述隱私的人，提出反對保有這項隱私的理由，說明第一個人的隱私會受到怎樣的侵犯。

三 檢視相關的考量事項

考量一些與隱私衝突有關或者可能對這類衝突產生影響的事項。
例如：同意、合法性、法律義務與道德義務等。確定如何將這些事項運用在
　　　目前的狀況。

四　評估處理這項議題的其他方式

　　想想看有哪些不同的方式，可以用來解決這個問題。這些方式可能包括：承認這種隱私權、拒絕這種隱私權，或是達成一個折衷方案。思考各種處理方式時，記得一定要找出每個可能方案的代價與益處，並加以評估。

五　採取立場，並為其辯護

　　決定一個你認為用來解決這個問題最好的方式，並說明你如此決定的原因。

批　判　思　考　練習

運用思考工具以形成立場

　　分組進行活動，運用權衡隱私爭議的思考工具，回答「齊莫」案有關隱私的衝突問題，每組都應該對全班同學說明自己那一組的立場。

一、找出要求隱私的人：
　　1. 這個案例，誰的隱私權受到侵犯？
　　2. 齊莫先生可能想保有何種隱私？
　　3. 齊莫先生可以用什麼樣的方式，來保有這項隱私？
　　4. 齊莫先生為何想保有這項隱私？

二、找出想侵犯他人隱私的人：
　　1. 誰想限制或侵犯齊莫先生的隱私？
　　2. 警察如何限制或侵犯齊莫先生的隱私？
　　3. 警察為何想搜查齊莫夫婦的家？

三、檢視相關的考量事項：
　　1. 齊莫先生或齊莫太太同意讓警察搜索他們的房子嗎？請加以說明。
　　2. 警察有合法的權利，可以搜查齊莫夫婦的房子嗎？為什麼？
　　3. 警察有法律義務，不得搜查齊莫夫婦的房子嗎？為什麼？
　　4. 警察有道德義務，不得搜查齊莫夫婦的房子嗎？為什麼？

四、評估處理這項議題的其他方式：

1. 承認齊莫先生的隱私權，會有哪些益處與代價？不承認齊莫先生的隱私權，又有哪些益處與代價？
2. 警察還可以運用哪些其他的方式，搜集起訴齊莫先生所需的證據？這些方式各有什麼益處？又各有什麼代價？

五、採取立場，並為其辯護：

針對這個案例中與隱私有關的問題，你會採取什麼樣的立場？說明你如此決定的理由。

課後練習

1. 如果你相信，警察絕對不該侵犯一般民眾的隱私權，那麼該如何保護社會不受犯罪行為的傷害？如果你相信，警察當然可以侵犯一般民眾的隱私權，那麼一般民眾如何能感到安全與自由？如果你相信，警察只有在某些特殊狀況下，才能侵犯民眾的隱私權，那麼你要加諸於警察什麼樣的規則限制，告訴他們何時才能侵犯他人的隱私權？

2. 找出你的學校、社區或鎮上，與隱私相關的某項衝突，運用你在本課所學的方法，來評估這項衝突。思考一下，還有什麼其他的方式，可以用來解決這項衝突，並加以判斷，什麼才是解決這項衝突最好的方式。然後向全班同學說明這項與隱私有關衝突的原委、應該採取的處置方式，以及採取這種方式的原因。

3. 請老師或學校協助邀請一名可能處理隱私議題的人，例如警察、法官、醫師、律師或市議員到班上來。請這名來賓描述一件與隱私相關的衝突，同時提出幾種不同的方式，以解決這件衝突。

第十課 執法可能產生哪些隱私的衝突？

課程目標

　　本課讓學生運用思考工具，來檢視一個與執法相關的議題。這項議題的內容是，使用隱藏式照相機來搜集嫌犯的犯罪證據，與民眾在公園裡的隱私之間的衝突。上完本課，同學應該能夠運用思考工具，針對這個與隱私有關的議題採取一個立場，並為其辯護。

學習術語

縱火犯

運用思考工具

　　閱讀以下內容，想一想看隱藏式照相機會如何改變人們的感受與行為。然後分組回答問題，並向全班同學說明你們那一組的答案。

林中之眼

　　美國的南加州幾乎每年都會出現森林大火，遍布山巔及大峽谷，很多人的房子往往都會慘遭祝融波及。這類大火有時是天然原因造成的，例如濕度太

低、風太乾燥以及閃電等；不過有些大火並非自然因素所引發，而是可能有人故意縱火的結果。

　　加州林務局一直在嘗試一些方式，希望能找出在森林和樹叢中非法縱火的人，他們實驗的方法之一，就是在森林裡設置隱藏式照相機。他們把鏡頭對準森林中的道路，只要有車輛或行人經過，照相機就會啟動，把車號和經過的時間攝錄下來，萬一有火災發生，這些照片就可以為山林巡邏員提供一些寶貴的線索，看看誰可能是縱火的嫌犯。這些照相機只設置了很短暫的時間，就讓林務局的人員逮捕到一名縱火犯，他們希望這種做法能夠繼續下去，最後擴大成為一種全國性的森林大火預防系統。

　　可是，並非每個人都認同加州林務局的這種想法。很多登山、健行以及賞鳥的人到森林裡或山上，都是為了遠離他人的目光，現在他們很擔心即使到了森林裡，自己的隱私也會受到侵犯。林務局的人員說，這種擔心是多餘的，因為監視照相機只設置在某些路段，林中的小徑或林中的草坪，並沒有裝設照相機；此外，只有在發生火災時，林務局人員才會去沖洗照片，並檢視相片的內容，設置這些照相機的目的，並非為了監視到森林裡去的遊客。

批判思考 練習

運用思考工具以形成立場

一、找出要求隱私的人：
1. 照相機侵犯到誰的隱私？
2. 這些人想保有何種隱私？
3. 他們的行為或行動該如何保密？
4. 他們為何希望行為或行動能保密？

二、找出想侵犯他人隱私的人：
1. 誰想限制或侵犯森林中遊客的隱私？
2. 森林中遊客的隱私受到怎樣的限制或侵犯？
3. 為何有人要限制或侵犯森林中遊客的隱私？

三、檢視相關的考量事項：
1. 依你的看法，如果有人選擇使用公眾的土地，例如屬於林務局管理的地區，是否就表示他們同意接受隱藏式照相機的拍攝？
2. 你認為林務局有合法權利，可以在森林中設置隱藏式照相機嗎？
3. 你認為林務局有法律義務，不得侵犯森林中遊客的隱私，也就是不得使用隱藏式照相機嗎？
4. 你認為林務局有道德義務，不得侵犯森林中遊客的隱私，也就是不得使用隱藏式照相機嗎？

四、評估處理這項議題的其他方式：
1. 讓林務局使用隱藏式照相機，會有哪些益處與代價？不讓林務局使用隱藏式照相機，又有哪些益處與代價？
2. 林務局還可以運用哪些方式，來搜集逮捕縱火犯所需的資訊，或阻止縱火犯縱火？這些方式各有什麼益處？又各有什麼代價？

五、採取立場，並為其辯護：
針對「林中之眼」所帶來的隱私衝突，你會採取什麼樣的立場？說明你如此決定的理由。

● 你能提出哪些論點，以支持或反對學校使用攝影器材
監視學生的在校行為？

課後練習

1. 政府機構早已採用監視攝影器材，對於一些公共場所進行監視，例
如：高速公路休息站、公園停車場、捷運車站、一般道路等。你認為
支持與反對這種做法的最佳論點是什麼？你同意政府以這種方式使用
攝影機嗎？寫一封信給報社編輯，說明你的看法。

2. 有些學校會運用攝影器材監視教室走廊、戶外的校園，以及特定的教
室等區域，你認為支持或反對這種做法的最佳論點是什麼？你同意
學校以這種方式使用攝影機嗎？寫一封信給學校家長會，說明你的
看法。

3. 一些商業機構，例如銀行與商店等，通常都會有監視攝影機，將人們
在裡面從事商業行為的景象錄影下來，把這種做法可能帶來的益處
與代價列成一張表。你還能想到哪些其他的方式，是銀行或商店可

以運用的？這些方式有什麼益處與代價？如果你覺得不該使用攝影機，你要如何說服這些機構停止使用？向全班同學說明你的建議。

4. 假設學校裡有些學生，在廁所裡威脅其他的同學，向他們要錢，如果拿不到錢，就把同學痛打一頓，受害的人通常不敢出來指認這些加害人，於是校長宣布，要把廁所的大門拆除，同時在裡面裝設攝影機，以保護學生的安全，你認為這種解決方式合理嗎？你能不能想到更好的辦法，來解決這個問題？假如現在校長安排了一個時間，希望能聽聽同學們對這項問題及處理方式的看法與疑慮，請同學先在全班同學面前練習你準備在校長面前所提出的說明與看法。

MEMO

第十一課　政府試圖將某些人標籤化，可能產生哪些與隱私有關的衝突？

課程目標

　　本課在檢視政府試圖將某些人標籤化時，可能產生的隱私爭議。全班同學將扮演議會的成員，針對某項法案進行辯論。這項法案要求犯下某些罪行的罪犯，在身上配戴識別標章，向每個人昭告自己的罪行。上完本課，我們應該能夠評估有關這個隱私議題的不同立場，並採取某個立場加以辯護。

學習術語

標籤化　公開示眾的刑具　刑法　重罪

法案　選民

標籤化與隱私

　　很多人對於能配戴象徵自己宗教信仰的物品，都引以為榮。可是，假如用法律規定，你必須配戴一個識別標章，以表示自己的宗教信仰，你會有什麼樣的感覺？我國憲法第十一條及第十三條中，有保護人民言論自由與宗教自由的規定，因此這類法律並不會出現在我國。但是，回顧在二次世界大戰期間的納粹德國，以及其他受納粹統治的歐洲國家，當時猶太人就必須配戴一種黃色的「大衛之星」標章，來表示自己的猶太身分。

● 假如法律規定人們必須配戴某種識別標章，你的感受如何？

　　要求一個人配戴象徵宗教信仰的標章，就等於侵犯了他的隱私。另外，這種做法還可能傳達出一些這個人不想透露的信念。不過，若是直接透露有關個人基本資料的徽章或標籤呢？假設你得配戴一個顯示年齡或體重的標章，你的感受如何？如果標章上載明的是你上一次考試的分數，你的感覺又是如何？

　　就如同我們已經學過的概念，人們想保持隱私的事項，有許多相似與相異之處。犯過罪的人可能不會希望他人知道這件事，但即使如此，歷史上與文學作品中，還是可以看到許多試圖為犯罪者貼上標籤的情況。例如：在基督教的聖經裡，有描述該隱殺害亞伯以後，被標上一個 "記號"。而在霍桑（Nathanial Hawthorne）的小說「紅字」（The Scarlet Letter）中，有個被判犯了通姦罪的婦女，被迫在衣服上配戴英文字 "A" ，以顯示她所犯的罪行，甚至有人認為，應該在這名婦女的前額烙上這個英文標記。此外，在美國殖民時期，犯人會被架上一種公開示眾的刑具──一種可以鎖住頭和手的木架。通常，這種刑具都架設在市鎮中心的廣場，因此受刑人會受到全體民眾的公開辱罵與嘲笑。

● 各種形式的懲罰如何侵犯人們的隱私？

　　現代人也會設法用一些方式為犯罪者貼上標籤：法國在二次世界大戰結束脫離納粹統治之後，一些愛國人士就把曾幫助過納粹的民眾剃成光頭；美國有些小鎮的警長會在當地商家發送「順手牽羊嫌犯」的照片。最近美國有個案例：一位曾對兒童進行性侵害的犯罪者，在服完刑期後，法官還要求他在門口貼上「警告：騷擾兒童被判刑者」的標誌。

　　是否該為人貼上標籤是一個頗具爭議性的問題。許多人都認為，對被貼上標籤的人而言，這是一種貶抑性的舉動，也是對隱私的侵犯；但有另外一些人則認為，貼標籤是一個社會嚇阻犯罪及自我保護的合理方式。

　　閱讀下列內容，想一想為什麼被判有罪的人，隱私權也應該受到保護，同時再想想為罪犯貼上標籤以懲罰犯罪者，並保護自身不受違法者侵害，是不是一種公平而合理的方式。然後分組回答第82頁的問題。

為罪犯貼標籤

　　假設你和同學被選為立法委員，今天預定要審查新提出的刑法修正草案：要求所有被判重罪的人，都必須配戴「重刑犯」這樣的徽章或標籤。所謂重罪，指的是比較嚴重的犯罪行為，通常要服三年以上的有期徒刑。

　　立法委員們對這項草案有不同的看法。有人建議，每個人的徽章或標籤上，要註明他所犯下的罪行，例如：有的徽章上可能寫的是：「殺人犯」，另一個人的徽章上可能寫的是：「強盜犯」。但另外有些人認為，只有被判犯下某些重罪，例如：性侵害、殺人與販毒的人，才應該被貼上標籤。當然，也有人完全反對這項法案，他們認為無論一個人有過何種犯罪紀錄，都不應該受到這樣的待遇。

運用思考工具以形成立場

一、 找出要求隱私的人：
1. 這項法案侵犯到誰的隱私？
2. 這些人想保有何種隱私？
3. 他們要如何保有這種隱私？
4. 他們為何希望保有這種隱私？

二、找出想侵犯他人隱私的人：
1. 如果這項法案立法成功，誰將侵犯被定罪者的隱私？
2. 被定罪者的隱私將受到何種侵犯？
3. 人們要如此侵犯被定罪者的隱私，可能有哪些原因？

三、檢視相關的考量事項：
1. 依你的看法，如果有人選擇犯罪，是否就表示他們同意被貼上罪犯的標籤？
2. 你認為政府有合法權利，可以強制犯罪者配戴顯示其犯罪行為的徽章或標籤，以作為處罰罪犯的方式嗎？為什麼？
3. 你認為政府有道德義務，不得強制犯罪者配戴顯示其犯罪行為的徽章或標籤，來作為處罰罪犯的方式嗎？

四、 評估處理這項議題的其他方式：
1. 強制犯罪者配戴顯示其犯罪行為的徽章或標籤，會有哪些益處與代價？不強制犯罪者配戴顯示其犯罪行為的徽章或標籤，又有哪些益處與代價？
2. 社會還可以運用哪些方式，來處罰犯罪者，並遏止違法行為？這些方式各有什麼益處？又各有什麼代價？

五、採取立場，並為其辯護：
針對這項法案，你會採取什麼樣的立場？說明你如此決定的理由。

批判思考 練習

以角色扮演立法辯論的過程

　　同學將分為三個小組進行角色扮演，擔任立法委員，針對這個強制犯罪者配戴徽章或標籤的法案進行辯論。

　　第一組 「暴力犯罪」嚴重地區的立法委員
　　你們是暴力犯罪嚴重地區的民意代表，在這些地區中，暴力犯罪（例如殺人、性侵害與搶劫等）的問題相當嚴重。

　　第二組 「非暴力犯罪」嚴重地區的立法委員
　　你們是非暴力犯罪嚴重地區的民意代表，在這些地區，非暴力犯罪（例如偷竊與詐欺等）的問題相當嚴重。

　　第三組 「治安良好」地區的立法委員
　　你們是治安良好地區的民意代表，在這些地區，很少有犯罪行為出現。

　　各組都應該討論他們的選民會如何看待這項法案。選民會希望他們：
　　1. 直接支持這項法案嗎？
　　2. 徹底反對這項法案嗎？
　　3. 修正或調整這項法案嗎？

　　各組討論過這項法案以後，每組立委應該決定，自己針對這項法案要採取什麼樣的立場。考量你自己的想法，同時也要考慮到你所代表的選民的看法。在辯論過程中說明並堅持自己的立場。在辯論時，所有修改法案的提議都應該透過臨時動議的程序提出，並用投票來表決。在議會針對所有的修正提議進行過辯論與臨時動議投票之後，再進行全體表決，以決定支持或反對這項修正後的法案。

●針對這項法案，你會採取何種立場？為什麼？

課後練習

1. 假設立法委員正在考慮一項法案，要求所有感染愛滋病毒的病患，都必須配戴一個「警告！愛滋感染者」的標誌。你認為支持或反對這項法案的最佳論點是什麼？你會贊成或反對這項法案？為什麼？

2. 在學校表現傑出的學生，通常姓名和照片都會刊登在校刊的「榮譽榜」上，這種做法是不是侵犯了隱私權？假如在校表現不佳的學生，姓名和照片也被刊登在校刊上，算不算侵犯隱私權？這兩種情況是否有差別？如果有的話，其差異何在？

3. 到圖書館找資料研究，看看下列事件產生了何種影響：
   （1）二次世界大戰期間，納粹要求歐洲各國的猶太人配戴「大衛之星」標章。
   （2）美國「九一一事件」後，伊斯蘭教徒被認為會引發安全疑慮。
   （3）台灣和日本曾經將漢生病（Hansen's Disease）患者隔離，並集中到特定區域。

   向全班同學報告你的研究結果，或者製作一張海報，說明這些事件的發展狀況。

MEMO

LESSON12

第十二課　團體與組織應該保有哪些隱私？

課程目標

本課將以角色扮演的方式：讓大家練習在法官面前，討論團體與組織應有的隱私權。上完本課，大家應該能夠評估有關團體隱私權的不同立場，並採取立場為其辯護。

學習術語

集會自由　憲法明訂的權利　性別　違憲　無效

有關團體隱私權的衝突

　　一般團體或組織應該保有多少的隱私？政府是否應准許一個團體將會員的身份保密？一個團體是否應能自行決定，哪些人才可以加入這個團體？

　　只要檢視「集會自由」（一種和某些人聚會、同時將他人排除在外的權利），通常就可以回應這些問題。在美國憲法中雖然並未明確提及這種集會的自由，但對其他憲法明訂的權利（即受憲法明文保護的權利）而言，享有集會自由是必要的。舉例而言，教會成員必須能擁有和彼此聚會的權利，才能落實宗教自由的精神。而從前述課程中我們知道，有些人對於自身的某些想法與信念，只會私下說給朋友聽。而正因如此，集會自由有助於維護言論自由。

　　反觀我國憲法第十四條已明文規定「人民有集會及結社之自由。」，此與美國略有不同。

　　儘管如此，有時還是有必要限制集會自由。一個團體的隱私是否應該受到維護，得視這個團體的目標、規模或其他特性而定。如果你和一些朋友組成一個俱樂部，你們可以決定不讓他人加入；但是如果你們經營的是一家上市公司，根據法律

規定，任何人都可以購買股票，成為這家公司的股東。

　　以下選錄自美國聯邦最高法院「羅伯特v.s.美國青年商會」案（Roberts v. United States Jaycees，1984年），提供我們思考為何團體或組織會想設定會員入會的條件？而為何社會又要規定，某些團體須讓想入會的人都能有參與的機會。然後分組回答以下的問題。

檢視團體的隱私

美國青年商會案

　　「美國青年商會」在美國是一個全國性的組織，規定只有十八歲到三十五歲的男性才可以參加。只要是符合這個年齡層的男性，就能加入這個團體，接受商業技巧的訓練，同時結交有助於他們在商界成功發展的人士。至於女性或年紀超過三十五歲的男性，就只能成為「次級會員」，不但不能投票，也不能在組織中擔任任何職務。「美國青年商會」會定期聚會，也會贊助為籌募慈善基金所舉辦的園遊會或其他活動，通常這類活動都歡迎次級會員與一般大眾參加。

　　後來，美國明尼蘇達州通過了一項禁止性別歧視的法律，而這項法律亦適用於「美國青年商會」的會員政策上，也意謂這個社團必須接受女性成為正式會員。

● 為何政府會要求一個團體接受女性成為會員？

　　「美國青年商會」因此提出訴訟，要求判定這項法律違憲——違背了憲法的基本要求。「美國青年商會」宣稱，他們只是一個私人的慈善團體，政府無權干涉他們對會員的限制，這項法律違反了他們的集會自由，因此無效（沒有任何效力）。

　　明尼蘇達州政府不同意這項看法。州政府認為，「美國青年商會」是一個商業團體，法律有必要預防商業界對女性的歧視，因此這項法律並不違憲，而且有效。

　　假如你是美國聯邦最高法院的法官，你會做出怎樣的決定？

運用思考工具以形成立場

一、找出要求隱私的人：

　　1. 在這個案例中，誰的隱私受到侵犯？

　　2. 「美國青年商會」想保有何種隱私？

　　3. 「美國青年商會」為何想保有這種隱私？

二、找出想限制或侵犯他人隱私的人：

　　1. 誰想限制或侵犯「美國青年商會」的隱私？

　　2. 「美國青年商會」的隱私受到哪些限制或侵犯？

　　3. 為何「美國青年商會」的隱私，會受到限制或侵犯？

三、檢視相關的考量事項：

　　1. 你認為「美國青年商會」既然投入商業活動，是否就等於同意州政府得對他們的會員政策加以規範？

　　2. 依你的看法，明尼蘇達州政府是否有法律上的權利，可以禁止性別歧視？如果這種政策限制了「美國青年商會」的集會自由，該怎麼辦？

　　3. 明尼蘇達州政府是否有法律義務，不得干涉「美國青年商會」招收會員的規定？

　　4. 明尼蘇達州政府是否有道德義務，不得干涉「美國青年商會」招收會員的規定？

四、評估處理這項議題的其他方式：
　　1. 承認「美國青年商會」的這項隱私權與集會自由，會有哪些益處與代價？反
　　　對「美國青年商會」的這項隱私權與集會自由，又有哪些益處與代價？
　　2. 明尼蘇達州政府還可以運用哪些方式，來確保女性在商業界擁有平等的權
　　　利？這些方式各有什麼益處？又各有什麼代價？

五、採取立場，並為其辯護：
　　針對這個案例中的隱私衝突，你會採取什麼樣的立場？說明你如此決定的理
　　由。

以角色扮演進行美國聯邦最高法院言詞辯論庭

　　本活動讓大家參與模擬的美國聯邦最高法院言詞辯論庭，在全班中選出九名同
學，擔任美國聯邦最高法院的法官，並在其中選出一人為首席，擔任主審法官。其
他學生則分飾下列各角色：

第一組 明尼蘇達州的檢察官辦公室

這組的工作就是要執行明尼蘇達州的法律，準備一些理由來說服法院，論述這項法律合乎憲法精神，應該受到支持。

第二組 「美國青年商會」

主張明尼蘇達州的法律違反了團體的隱私權與集會自由，準備一些理由來說服法院，論述明尼蘇達州的法律違憲，因此無效。

第三組 全國女性高級主管協會

這個組織嘗試推動女性能在商業界成功的發展，希望消除所有的歧視與障礙，確保機會均等。雖然你們與這件法律訴訟案無關，但卻獲得特許，能夠在美國聯邦最高法院發表看法。準備一些理由來說服法院，論述明尼蘇達州的法律合乎憲法精神，應該受到支持。

第四組 美國高爾夫與網球協會

這個組織代表美國各地數百個私人高爾夫與網球俱樂部，這些俱樂部擔心，如果明尼蘇達州的這項法律最後被美國聯邦最高法院認同，其他各州也可能通過類似的法令，讓他們選擇或拒絕會員的自由受到限制。這個組織也得到特許，可以在美國聯邦最高法院發表看法。準備一些理由來說服法院，說明社團應有集會自由，而這項法律侵犯了集會自由，因此違憲。

每個小組都應該為自己所代表的立場，設法尋找最佳的論點。然後各選出二到三名代表，負責向法院陳述各組的論述。當各組準備其發言內容時，扮演法官的同學也應準備一些問題，以便向負責發言的各組代表提問。待各組都發表過論點後，扮演法官的同學應在全班同學面前討論本案，最後再投票決定是要保留這項法律，還是宣布這項法律無效，並說明決定的理由。

● 課後練習

1. 你認為以下哪些團體與組織應該能自行決定會員資格？哪些該保持開放，讓想加入的人都能參加？哪些又該設定某些標準或資格，只有符合的人才能加入？說明你的立場。

   ● 醫師公會
   ● 童子軍

- 職棒聯盟
- 政黨
- 女法官協會
- 記者協會
- 扶輪社
- 紅酒俱樂部
- 校友會
- 陸軍

2. 以下哪些團體與組織可能想讓會員的身份保密？其中哪些團體或組織應該可以這樣做？為什麼？哪些團體應該可以自由決定會員人選？

- 你和朋友自行籌組的俱樂部
- 街頭幫派
- 匿名戒酒協會
- 綠色和平組織
- 三K黨（Ku Klux Klan，縮寫為KKK。這是美國一個奉行白人至上主義的民間組織，也是美國歷史上種族主義的代表性組織。）
- 鄉村俱樂部
- 科幻小說迷俱樂部
- 台灣人權促進會
- 婦女新知基金會
- 台灣同志諮詢熱線協會
- 南洋台灣姊妹會
- 共產黨
- 廢除死刑推動聯盟
- 日日春關懷互助協會
- 同鄉會
- 法輪功
- 宗親會

第十三課　科技進步對隱私形成哪些威脅？

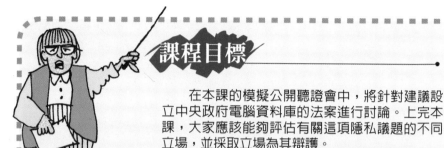

課程目標

在本課的模擬公開聽證會中，將針對建議設立中央政府電腦資料庫的法案進行討論。上完本課，大家應該能夠評估有關這項隱私議題的不同立場，並採取立場為其辯護。

學習術語

資料庫　檢索

電腦對隱私造成哪些影響？

電腦已對我們社會中絕大多數人的生活產生影響。一般人使用電腦，不只是為了掌握資訊，更為了要提昇效率。幾乎我們所做的每一件事，都和電腦息息相關——從電力的產生到教科書的印製，從電話通訊到使用信用卡，從雜貨店的收銀機到銀行的櫃台作業方式等，都包括在內。

但由於電腦可以永久儲存資訊，而且可以輕易搜尋或找出已存的資訊，因此在現代社會中，會帶來侵害隱私的問題。或許，你從來沒仔細想過，你和你的家人究竟有多少相關資訊，儲存在電腦的記憶體或資料庫中，例如：

■ 使用電話，電腦就儲存所撥的號碼、通話日期，以及通話時間。

■ 從錄影帶店租一部電影，電腦就儲存片名與租片日期。

■ 使用信用卡，電腦就儲存日期、購買總金額、商店名稱、地址，以及購物內
　容。

■ 訂閱報紙或雜誌，電腦就儲存姓名與地址、報紙或雜誌名稱，以及訂閱起始
　日與到期日。

■ 申請貸款，電腦就儲存住家的地址與電話號碼，工作場所的名稱、地址與電
　話號碼，薪資收入、財產價值、貸款金額，以及每個月償還多少貸款。

■ 就醫使用健保卡時，電腦就儲存身高、體重、年齡、病歷、醫師的姓名與地
　址，以及服用的藥物種類。

■ 辦理汽車保險，電腦就儲存地址、駕駛紀錄、汽車的廠牌與型號，以及車子
　的出廠年份等。

■ 支付帳單，電腦就儲存付款金額與日期等。

電腦還會儲存我們每個月消耗多少的水電、繳納多少稅金、甚至是頭髮的顏色、眼睛的顏色，以及戴不戴眼鏡等。

光是憑著儲存在電腦內與個人相關的訊息，就足以詳細地勾勒出一個人生活的全貌。雖然，某些法律對此有所限制，但大部分組織還是可以決定是否要分享其儲存在電腦裡面的訊息。有好幾家大型公司，還可能把不同來源的資訊（例如：一般人申請貸款、信用卡或駕駛執照所填寫的資料）整併在一起，建立了大型的電腦資料庫，然後把相關資料出售給企業，讓企業用以開發或尋找自己產品的潛在客戶。為了特定原因所填寫的資料，也有可能被其他人運用在別的用途。

有了電腦以後，一般人想控制自己個人資訊的流向，幾乎是不大可能的事情。隨著時光的推移，電腦的威力只會越來越強大：它們能夠儲存的資訊會越來越多，要檢索出這些資訊的速度也會越來越快。使用電腦的人口和組織，更會隨之攀升，因此隱私受到侵犯的問題，很可能會越來越嚴重。

閱讀下列內容，假設國會正在考慮建立一個中央政府電腦資料庫，這個資料庫將整合政府目前任何有關每位民眾的資訊，思考建立這個中央政府電腦資料庫可能帶來的益處與代價，然後回答下面的問題。

中央政府資料庫提案

政府已分別運用數以百計的電腦，來儲存並檢索出所需的資訊，例如行政院主計處、衛生署、勞保局、戶政機關、中央健康保險局、法務部調查局、臺灣高等法院檢察署偵查經濟犯罪中心、國防部…，以及其他許多不同的單位，各自使用許多的電腦。每個政府單位都有自己獨立的電腦資料庫。

有好幾項研究報告建議：分別儲存在這些電腦資料庫中的資訊，應該加以整合，一起放進一個中央電腦資料庫。這樣，所有政府的相關機構都能夠共享，其中任一個機構掌握的資訊。

如此一來，公務員就能輕易取得工作所需的資訊，政府的計畫可以比較有效率地推動，造福更多的人民，同時節省人民繳納的稅款。政府在制訂振興經濟與降低失業率的相關政策時，也能有更多的資訊作依據，政策執行的成功率因此可以提高。非但如此，全國民眾的健康或傳染病的問題，可以獲得較佳的管理；政府面對天然災害，例如：土石流、地震與颱風時，可以更加迅速地應變；執法單位比較容易追蹤曾經被捕，或被判刑的罪犯的下落；要找出逃漏稅的人，機率也會比較大…。有了中央電腦資料庫，政府在很多方面的運作，都可以更有效率。

由於這些益處，很多人都認為設立一個單一的中央政府資料庫，是個不錯的想法；但也有些人表示反對，他們擔心中央政府資料庫會危及個人的隱私，因此提出了許多問題：

1. 各個機構是否可以為了某些目的，任意使用另一個機構的紀錄資料？
2. 哪一類的資料可以放進電腦資料庫？
3. 假如記錄中的資料有誤怎麼辦？
4. 個人如何得知他們的檔案中有哪些資料？
5. 政府如何預防公務員非法使用或洩漏這些資訊？

圖片來源：由聯合報系提供

● 電腦如何對每個人的隱私造成影響？

　　這些反對者主張，中央電腦資料庫將賦予政府過多的權力，讓政府得以控制每位民眾的生活，同時帶來濫用這些資訊的危險，他們認為這個構想絕不可取。

運用思考工具以形成立場

一、找出要求隱私的人：

　　1. 政府建立中央電腦資料庫之後，誰的隱私權會受到侵犯？

　　2. 人們可能不希望哪些資訊被放進中央電腦資料庫？為什麼？

　　3. 人們如何保有個人資訊的隱私？

二、找出想侵犯他人隱私的人：

　　1. 中央電腦資料庫可能限制或侵犯他人的哪些隱私？

　　2. 為何政府會希望建立中央電腦資料庫？

三、檢視相關的考量事項：

　　1. 民眾在提供資訊給某個政府機構的同時，是否也同意把這些訊息透露給其他政府機構？說明你的立場。

　　2. 你認為政府是否有合法權利，把有關民眾的資訊集中儲存在中央電腦資料庫？為什麼？

　　3. 依你之見，政府建立中央電腦資料庫是否違反尊重人民隱私權的法律義務？說明你的立場。

　　4. 你認為政府建立中央電腦資料庫是否違反尊重人民隱私權的道德義務？說明你的立場。

四、評估處理這項議題的其他方式：

　　1. 贊成或禁止政府建立中央電腦資料庫，各有哪些益處與代價？

　　2. 政府還可以採取哪些方式，來取得執法與推動政府計畫所需的資訊？這些方式各有什麼益處，又各有什麼代價？

五、採取立場，並為其辯護：

　　針對政府建立中央電腦資料庫，你會採取何種立場？說明你採取這種立場的原因。

以角色扮演進行公開聽證會

本活動將模擬國會聽證會，請在會中提出各種可行方案，用來解決政府建立中央電腦資料庫可能產生的隱私問題。請老師將全班同學分為下列各組：

第一組 電腦商業同業公會
認為政府建立中央電腦資料庫有助於推動電腦業的發展。

第二組 贊成加強行政效率的民眾
贊成所有可以減稅並讓政府運作更有效率的提案。

第三組 支持維護隱私的民眾
相信政府建立中央電腦資料庫將危及民眾的隱私。

第四組 反對科技的民眾
認為科技的力量太大，十分危險。反對廣泛的科技運用，你們認為其中的風險大於好處。

第五組 立法院「科技及資訊委員會」
將決定政府是否建立中央電腦資料庫。這個委員會將傾聽各界的意見，希望能做出最好的決定。委員們知道自己的選民對政府是否浪費很關切，可是他們也很重視自己的隱私與自由。

第一組到第四組應該針對支持或反對政府建立中央電腦資料庫，準備相關說明，論述中應該指出並考量政府建立中央電腦資料庫可能帶來的益處與代價，同時說明該小組成員的立場可以如何：
1. 保護民眾的隱私
2. 給政府一個取得所需資訊的方式

第一組到第四組應選出二到三名發言人，負責向立法院「科技及資訊委員會」陳述論點。在各組討論發展論點時，立法院「科技及資訊委員會」應該選出一名主席，負責主持聽證會，同時準備一些問題，以便向每組的發言人提問。

　　當每組都陳述過自己的論點之後，立法院「科技及資訊委員會」的每位成員，應該投票表決贊成或反對政府建立中央電腦資料庫，並說明其決定的理由。

課後練習

1. 我國政府曾經考慮建立「國民身分健保合一智慧卡」(簡稱國民卡)制度，用以整合存放、戶政資料、全民健康保險資料、指紋資料、電子簽章、電子錢包，與缺乏法律規範的「其他加值部份」。你可以提出什麼樣的論述，來支持這項立法？你又可以提出什麼樣的論述，來反對這項立法？其中哪些論點你認為最強而有力？為什麼？

2. 你認為某些個人與團體為何願意在公開聽證會中出席表示意見？想想剛剛在模擬國會聽證會中，發表過意見的那些團體。

3. 針對國會或行政機關即將進行的決策舉行聽證會，有什麼好處？又有什麼樣的代價？所有政府決策都應該等舉辦聽證會過後才能進行嗎？為什麼？

MEMO

第十四課　如何運用制訂政策來處理隱私議題？

課程目標

在「隱私」的最後一課，要讓大家練習運用制訂政策，來規範學區中的小學和國中，如何處理某些涉及隱私的議題。這項議題的內容與應否透露感染了愛滋病毒學生的身份有關。上完本課，大家應該能夠針對這個隱私議題的不同立場，進行論述與評估，同時還要有能力說明，確立一個政策或制定準則或規則，有助於處理這類很可能一再重複出現的狀況。

學習術語

病毒　後天免疫缺乏症候群（愛滋病）
愛滋病毒（HIV）　愛滋病帶原者　政策　共識

隱私與愛滋病

正如本書所言，我們有時必須犧牲隱私，以彰顯其他的價值觀，在公共衛生的領域中，個人的隱私權與社會對於預防疾病傳染的需求，往往會產生衝突。例如：兒童入學前必須施打疫苗或打預防針，以免感染或傳染某些病毒所引發的疾病，這些病毒是非常微小的生物，一旦進入人體內，就會開始繁殖，引發疾病。

愛滋病是一種由愛滋病毒（HIV）引發的疾病，到目前為止，這種病還無藥可治，也沒有疫苗可以預防感染。感染愛滋病毒的人，可能好幾年都不會產生任何症

狀，唯一可以知道是否感染病毒的方法，就是進行血液檢測，如果血液檢測顯示這個人感染了愛滋病毒，測試結果就會呈現「陽性反應」，一般感染了這類病毒的病人會被稱為「愛滋病帶原者」。

在1980年代末期，美國的校園與社區首度面臨學齡兒童感染愛滋病（或稱為愛滋病帶原者）的問題。美國印第安那州有個七年級的學生萊恩（Ryan White, 1971~1990），由於感染了愛滋病被校方拒絕入學，萊恩的父母被迫提出訴訟，才為萊恩爭取到上學的權利；另外麻州有個八年級的學生馬克感染了愛滋病…。

● 學校應該如何處理感染愛滋病毒學生的隱私需求？

我國也有類似案例：民國83年，澎湖有一名國小學童因為車禍輸血而感染愛滋，在關懷團體出面關心他的受教權後，全班22個同學仍在家長壓力下全數退學，該班級因此一度只剩下這名學生，後來經過政府單位及民間團體舉辦說明及座談會等相關活動後，大眾始逐漸瞭解也較能接受，才讓該名學生得以繼續完成國小教育。

在美國的佛羅里達州，有三兄弟感染了愛滋病毒，結果全家都受到威脅。三兄弟不畏外界的威脅，還是照常去上學，於是就有人到他們家縱火，迫使他們不得不搬遷到他處。

暴力威脅並非愛滋病患不敢讓人知道自己得病的唯一原因。誠如一名十幾歲的愛滋病患者所言：「我很高興大家不知道，唯有如此他們會把我當成正常人看待。」馬克的朋友和同學一直把他當成正常人，即使他們知道他得了愛滋病。還有幾個同

學向記者說明他們支持馬克繼續上學的原因，其中一人說：「假如馬克只能留在家裡，不能和朋友來往…這樣的感覺是不對的，因為他屬於這裡…他就像我們一樣，有權接受教育。」另一名同學說：「如果換成你是馬克——你會有何感受？」

醫師與科學家現在對愛滋病，以及愛滋病傳染的方式，有了更進一步的瞭解。坐在愛滋病患者旁邊、和愛滋病患者一起玩，或者觸摸感染了愛滋病毒的人，都不會感染HIV病毒；和愛滋病患者共用一個杯子，或飲用同一座飲水機的水，或使用同一個馬桶，也不會被傳染；至於擁抱愛滋病患者、甚至是一個簡單的親吻，也沒有感染愛滋毒的風險。唯有讓愛滋病患者的血液或體液進入你的體內，才會感染愛滋病毒。而通常是和患者發生性行為，或使用患者用過的針頭，才會導致這種結果；另外，由於篩檢HIV病毒的血液檢測方式有空窗期，以致有些人會因為接受輸血而感染了愛滋病毒。

這類有關愛滋病的新知識被大眾瞭解以後，學校就決定，感染了愛滋病毒的兒童應該還是可以上學，除非因學生本身的病況嚴重到某種程度，使得課業已經跟不上學校的進度；但是即使如此，其中的隱私問題依然存在。

閱讀以下故事，思考老師和其他人可能想知道某個學生是否感染HIV病毒的原因，同時考量這名學生可能不想讓人知道這件事的理由。然後回答問題。

校園內的愛滋病

在暑假剛開始時，納桑和父母就已經知道納桑感染了HIV病毒的這個壞消息，而這種病毒引發了愛滋病。這是由於納桑的體重開始直線下降，這種情況讓陳醫師深感困惑，因為一個剛滿十四歲、表面看來非常健康的男孩，體重理應會增加，而不是減少。於是，陳醫師建議納桑的父母讓納桑進行一些血液檢測，以找出其中的原因，當陳醫師把檢測結果告訴納桑和他的父母時，他們全都大吃一驚。

陳醫師盡力給納桑全家最大的幫助，對於納桑、他的父母和陳醫師來

説，知道納桑是愛滋病帶原者，其實是一件非常重要的事，如此他們可以仔細觀察納桑的健康狀況，確定納桑有適當的營養、休息和運動，同時運用新開發的藥物和治療方法，來延長納桑的壽命。

在暑假快結束的時候，納桑的父母到學校去見校長，告訴他納桑是愛滋病帶原者。他們向校長解釋，納桑希望能和其他學生一樣，受到同等的待遇，同時他們拜託校長，一定要嚴格保密，不能把納桑患了愛滋病這件事説出去。校長向他們保證，校方一定會盡量保護納桑的隱私，除非有很重大的理由，否則沒有其他人會知道這件事，而知道這件事的人，也會被要求不可以把這件事情洩露出去。但是校長無法保證，絕對不讓第二個人知道這件事。

納桑的父母離開學校以後，校長開始思考納桑秋天開始到校就讀八年級以後，他會碰到的問題：

1. 誰有必要知道納桑是個愛滋病帶原者？納桑的導師？班上同學？學生家長？學校其他的老師和同學呢？應該告訴輔導老師嗎？學校其他的員工，像是護士、校工，或餐廳員工呢？他們有必要知道嗎？

2. 是不是只須告訴他們有名學生是愛滋病帶原者就夠了？還是有些人需要知道這個學生就是納桑？

3. 校長要如何確定，如果某些人知道納桑是愛滋病帶原者，不會洩露這件事情？是不是單純要求他們不要把這件事情洩露出去就夠了？還是他們在得知這項訊息前，必須先保證不會洩露這件事情？假如他們在未獲得納桑同意下，就把這件事情説出去，是不是要被課以某種形式的懲罰？

校長明白，他在學校開學前，有很多事情必須仔細想想。

運用思考工具以形成立場

一、找出要求隱私的人：

1. 透露納桑是愛滋病帶原者以後，誰的隱私權會受到侵犯？
2. 這些人可能想保有什麼樣的隱私？
3. 這些人為何想保有這種隱私？
4. 這些人要如何保有這種隱私？

二、找出想侵犯他人隱私的人：
　　1. 誰會想知道納桑感染HIV病毒的事？
　　2. 這些人想知道納桑感染HIV病毒的事，各自有何原因？

三、檢視相關的考量事項：
　　1. 你認為納桑來上學，是否就表示他同意透露感染HIV病毒的事？
　　2. 依你之見，學生、老師、學校其他的教職員或學生家長，是否有合法權利得知，哪些學生感染了HIV病毒？
　　3. 依你之見，校長有多少法律義務，不得透露納桑感染愛滋病毒的事？
　　4. 依你之見，校長有多少道德義務，不得透露納桑感染愛滋病毒的事？

四、評估處理這項議題的其他方式：
　　1. 透露納桑感染愛滋病毒的事，會有哪些益處與代價？拒絕透露納桑感染愛滋病毒的事，又有哪些益處與代價？
　　2. 學生、導師、學校教職員與學生家長還可以採取哪些方式，避免感染愛滋病毒的學生對他們的健康造成威脅？這些方式各有什麼益處？又各有什麼代價？

五、採取立場，並為其辯護：
　　針對「校園內的愛滋病」這個隱私衝突，你會採取何種立場？說明你採取這種立場的原因。

運用政策解決衝突

　　學校與其他機構通常會訂定「政策」（準則、規則或方向）來處理一再重複出現的問題。譬如：醫院訂有探病時間的政策、商店訂有關於退換貨品的政策，而學校通常有「穿制服的規定」，也就是有關學生可以穿著什麼樣的衣服的政策。

　　政策讓整個機構可以用一致的方式來處理問題、解決衝突。而由於機構在制訂相關政策時，通常會考量各種不同的觀點，因此他們有時可以針對如何處理特定問題，達成共識。

● 為何穿制服的規定或其他政策，能讓機構以一致的方式來處理問題？

制訂學校內與隱私有關的政策

　　如果同學要在校務會議中提出一項政策建議，讓你們學區內的小學與國中可以用來保護愛滋病患，或者愛滋病帶原者的學生隱私。這項政策應能處理下列問題：

1. 如果入學的學生有人是愛滋病患，或是愛滋病帶原者，誰應該知道這件事？
2. 誰該知道這個學生的姓名？
3. 應該採取哪些措施，以確保知道學生姓名的人，不會洩漏這件事？

　　制訂政策時，一定要確定所有人的需求都獲得充分的考量，因此全班同學應分成幾個小組，每個小組分別扮演下列某一種角色，同時評估如果入學的學生有愛滋病患，或是愛滋病帶原者，扮演這個角色的人應該掌握哪些資訊：

第一組 學校行政人員（包括校長和其他行政人員）
第二組 學生的老師與輔導老師（包括與這名學生有接觸的老師和輔導老師）
第三組 其他的老師和輔導老師（包括與這名學生沒有接觸的老師和輔導老師）
第四組 校內的其他員工（包括學校的護士、校工和餐廳員工）
第五組 學生（包括這名學生的班上同學和校內其他學生）
第六組 家長（包括這名學生班上同學的家長，以及校內其他學生的家長）

為了評估每種角色的人需要多少相關資訊，每個小組應該：

1. 把這些人有必要得知感染愛滋病毒的學生姓名，或有必要知道校內有這名學生的原因列出來，每個原因都應包括透露這項資訊後，能夠達成的某個目標或益處。
2. 評量每個原因，以確定是否真正有必要透露這名學生的姓名、或透露校內有這樣一名學生的事實，才能達成預定的目標或益處。換言之，你能否想到一些其他的方式，可以達到同樣的目標或益處，卻不必透露這項訊息？
3. 考量受感染學生的隱私利益；同時評估透露訊息所能達到之目標或益處的重要性，然後決定扮演這個角色的人是否應該：
   （1） 得知這名學生的姓名
   （2） 只知道有這樣的學生入學
   （3） 不知道任何相關事項

如果這個小組決定，有人應該得知學生的姓名，那就必須同時討論並決定，該採取哪些措施，以確保這項訊息不會被洩漏出去。

4. 各組選擇一名發言人，向全班說明各組的看法。

全班同學應討論每個小組的觀點，並嘗試針對下列議題達成共識：

（1）扮演每種角色的人應得知哪些資訊

（2）該採取哪些措施，才能確保得知學生姓名的人，不會把這件事洩漏出去

運用以下表格，來記錄全班的決定。

學校處理感染HIV病毒學生的政策

----------校區秉持此政策：要在合理範圍內，保護全體學生的隱私，假如某所小學或國中的入學學生當中，有人感染了HIV病毒或感染愛滋病，這項消息絕對不會洩漏，除了下列情形之外，這項消息絕對不會被洩漏。

有這種學生入學的事實，但不包括學生的姓名，會被透露給下列人士：	有這種學生入學的事實，包括學生的姓名，會被透露給下列人士：

為確保得知學生姓名者，在未獲該生允許下，不會把這項訊息透露出去，將採取下列措施：

課後練習

1. 假設立法院正在研議一項法案，要求每個人都得接受愛滋病毒的測試，支持或反對這條法律的最佳論點有哪些？假如這條法律通過了，你會建議採取什麼樣的安全措施或限制，來保護每個人測試結果的隱私？寫一封信給你選區的立法委員，表達你的看法。

2. 你認為運用政策來處理可能一再出現的隱私衝突，是否能有幫助？為什麼？你認為遵循政策是否也會有代價或益處？說明你的答案。

3. 複習第九課最後寫下的隱私問題。你認為這些問題的答案可能是什麼？把答案寫下來。最後用一、兩個段落說明，你認為應該保護隱私最重要的理由有哪些。

附錄

「AIDS」——英文全文為Acquired Immune Deficiency Syndrome；中文為「後天免疫缺乏症候群」，俗稱「愛滋病」。

「HIV」——英文全文為Human Immunodeficiency Virus；中文為「人類免疫缺乏病毒」，俗稱「愛滋病毒」。

我國的相關法令規定如下：

「後天免疫缺乏症候群防治條例」

■ **第6條**（民國86年12月30日修正）
各級衛生主管機關、醫療機構、醫事人員及因業務知悉感染人類免疫缺乏病毒者之姓名及病歷有關資料者，對於該項資料，不得無故洩漏。

■ **第6-1條**（民國86年12月30日增訂）
感染人類免疫缺乏病毒者之人格與合法權益應受尊重及保障，不得予以歧視，拒絕其就學、就醫、就業或予其他不公平之待遇。
未經感染人類免疫缺乏病毒者同意，不得對其錄音、錄影或攝影。
中央衛生主管機關對感染人類免疫缺乏病毒者所從事之工作，為避免其傳染於人，得予必要之限制。

「各級學校防治後天免疫缺乏症候群處理要點」（民國93年12月9日教育部發布）

■ **第4點**

各級學校應保護感染人類免疫缺乏病毒者之隱私，因業務或其他管道知悉相關事宜時，應予保密。

■ **第5點**

各級學校之教職員生經確認或發現疑似受感染者，如當事人已成年，學校非經當事人同意，不得通知學生家長、監護人及其他第三人；如當事人尚未成年，學校應於輔導人員協助下告知家長或其監護人。

MEMO

學習思辨的智慧

散播正義的種子

推展法治教育向下紮根

我們的孩子是否能夠在班上和同學討論問題，制定共同的規則？

未來是否也能在團體中和同伴理性互動，凝聚共識？

在人權高漲的時代，我們的孩子是否能尊重自己，也尊重別人？

是否學會在個人利益和公共利益間找尋平衡點？

孩子是否能體認在家庭、學校及社會的責任？

未來能否善盡社會責任，成為社會的好公民？

公平正義是否已在孩子們心中萌芽滋長？

我們的社會是否能藉由教育，而成為講公平、求正義的公義社會？

民主基礎系列叢書

兒童版（適用國內1-3年級）　　　　　少年版（適用國內4-9年級）

法治教育向下紮根中心捐款專戶

戶名：財團法人民間司法改革基金會

（方式一）銀行轉帳

銀行：台灣銀行　松江分行（銀行代號：004）

帳號：050004060112（共12碼）

（方式二）郵政劃撥

帳號：19974939

地址：台北市松江路90巷3號7樓

電話：(02)2521-4258

相關資訊請見 法治教育資訊網：http://www.lre.org.tw